Completando
o Círculo

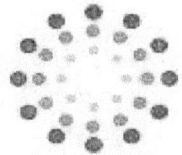

Um método empírico comprovado
para encontrar paz e harmonia na vida

ARI
Publishers

Completando o Círculo

Um método empírico comprovado para encontrar paz e harmonia na vida

Publicado por ARI Publishers

www.ariresearch.org

hq@ariresearch.org

1057 Steeles Avenue West, Suite 532, Toronto, ON,M2R 3X1, Canada

2009 85th Street #51, Brooklyn, New York, 11214, USA

Editores Associados: Mary Pennock, Elizabeth Kellogg Pesquisa: Masha Shayovich, Kristian Dawson, Christiane Resinstrom

Tradução para o Português: Andie Sheppard

Layout: Chaim Ratz

Capa: Inna Smirnova

Editor Executivo: Chaim Ratz Publicação e Pós-Produção: Uri Laitman

PRIMEIRA EDIÇÃO: outubro de 2015

Primeira Edição

Sumário

Como o mundo se coloca em piloto automático, e carros sem motoristas e robôs estão rapidamente se tornando realidade, temos que nos preparar para um futuro muito diferente do que aquele que sempre imaginamos. É muito mais fácil dizer, "Café!" E tê-lo servido à mesa, do que caminhar até a cozinha, ligar a chaleira, colocar o café, ferver a água, despejar na caneca, adicionar o leite e o açúcar a gosto, e levá-lo para a mesa. É também muito mais seguro e mais calmo ter um carro robótico livre de erros que o conduza para o trabalho, do que fazê-lo sozinho, encarando o tráfego e os perigos potenciais.

Os robôs e computadores, finalmente farão tudo o que fazemos hoje? Se sim, como vamos viver? Quando esse dia chegar, será que ainda haverá empregos? Se não, como vamos pagar a casa onde o robô nos servirá o café?

A mudança está acontecendo em todos os lugares. Um dos aspectos mais fascinantes do meu trabalho como pesquisador da natureza humana é identificar mudanças e como nos preparar para elas. Em minha opinião, estamos à beira de uma mudança de proporções sem precedentes. Não são meramente invenções tecnológicas que estão mudando o mundo, é uma percepção completamente nova, que está se instalando, e vai determinar como nos relacionamos com nós mesmos e com os outros.

No novo mundo, o nosso pensamento vai se concentrar muito mais no "nós" do que no "eu". Como a globalização avança, estamos nos tornando cada vez mais enredados nas vidas uns dos outros. Para melhor ou pior, estamos interligados e interdependentes. Esta mudança está fadada a ter um impacto social profundo, e nós não estamos prontos para a mudança.

Para preparar para a mudança, comecei a desenvolver um plano de ação para-lidar com transformações sociais. Apesar de sua meta ambiciosa, é uma técnica surpreendentemente fácil que qualquer pessoa pode praticar. Tudo o que se necessita para fazer uma experiência pela primeira vez é a curiosidade, algumas pessoas dispostas, e menos de uma hora de tempo livre. Sua facilidade é uma das suas maiores vantagens, pois permite que muitas pessoas a experimentem, a desenvolvam e a transformem em um passatempo para todos. Desta forma, podemos nos adaptar à vida na nova era facilmente e agradavelmente. Este livro apresenta os fundamentos do método, e alguns exercícios simples que qualquer um pode usar.

"Faz tempo que acredito que esta interdependência
define o novo mundo no qual vivemos"
Tony Blair

Muitos anos atrás, quando eu era jovem, havia Woodstock. Meninas bonitas com flores no cabelo, Jimmy Hendrix, Joan Baez, e corações que sonhavam com uma América diferente, mais justa, e um mundo mais pacífico. Quando MLK disse: "Eu tenho um sonho", nós acreditávamos nele e acreditávamos em seu sonho. Nem todos os protestos foram pacíficos, e nem todas as marchas tranquilas, mas muitos baby-boomers refletem sobre a década de 1960 com um brilho nostálgico no canto do olho. Apesar dos protestos, nos foi justamente dado o nome de "crianças flores", e não "bandidos", como são chamados alguns dos manifestantes de hoje, se justamente ou não. Os anos 1960 e início dos anos 70 foram anos de mudança, mas acreditávamos no futuro; nós tínhamos esperança e acreditávamos que podíamos melhorar as coisas. Quando o movimento Ocupe a Wall Street (OWS) apareceu pela primeira vez em 2011, houve mais uma vez um sentimento de mudança e otimismo no ar. Na esteira da Grande Recessão e da crise financeira que quase fez cair economia dos EUA, o movimento social exigiu a igualdade e justiça econômica.

Como em tudo que chama a atenção da mídia, o movimento se espalhou rapidamente por todo o globo, e acampamentos do Ocupe surgiram em Londres, Madrid, Sydney, Telavive, e muitas outras cidades.

Ao mesmo tempo, protestos muito menos benignos entraram em erupção em todo o mundo árabe. A "Primavera Árabe" tornou-se um pesadelo constante para milhões de pessoas ao Egito, Síria, Líbia, Iêmen e muitos outros países experimentaram revoluções violentas e contrarrevoluções.

Hoje, o Movimento Ocupe está quieto, tanto nos EUA e na Europa, mas os problemas que o causaram ainda estão aguardando respostas. O otimismo das crianças flor foi substituído por apatia e frustração reprimida. No entanto, as pessoas não têm mais respostas às suas necessidades de segurança, confiança e auto expressão, mais agressivos se tornam em suas exigências.

Hoje, o tecido social dos Estados Unidos está passando por um teste cujo resultado é uma incógnita. Em comparação com a década de 1960, parece que há algo beligerante, mesmo sinistro sobre os tumultos que temos visto em erupção em algumas cidades americanas. A dor e a frustração expressas nestes protestos devem acender uma grande luz vermelha na mente de cada pessoa preocupada no planeta.

Mas na América, há uma aflição adicionada ao já pesado fardo que as pessoas têm que carregar: toda a dor e sofrimento estão em oposição ao "Sonho Americano". Como resultado, não apenas as pessoas têm que lidar com os desafios de seu dia a dia, mas também têm sido criadas para comparar-se constantemente a um ideal impossível, um fantasma que as continua assombrando onde quer que vão. Toda vez que pensam ter conseguido algo, este algo foge para cima delas e sussurra: "Olhe para os Silvas!

Eles estão vivendo o sonho americano, enquanto você está dormindo, criança. Acorde e consiga um pouco mais! "

James Truslow Adams, que definiu o Sonho Americano em seu livro de 1931, O Épico da América, descreveu-o como um "sonho de uma terra em que a vida deve ser melhor e mais rica e completa para todos, com oportunidade para cada um de acordo com a capacidade ou realização".

E, no entanto, muitos americanos cresceram tentando viver este sonho que este duro despertar para a realidade da vida criou um trauma nacional. Mesmo naquela época, Adams admitiu que "muitos de nós mesmos cansamos e desconfiamos dele." Se isso era verdade em 1931, quando publicou o primeiro livro, como devemos chamar a desilusão e frustração que as pessoas sentem hoje?

Perseguir um fantasma e acompanhar o passo dos Silvas não é somente desgastante e frustrante, mas deforma completamente a nossa maneira de pensar, uma vez que nos inicia em uma luta interminável e redundante com o mundo inteiro. Imagine que suas mãos de repente se esqueçam que são partes de seu corpo e comecem a pensar em si mesmas como pessoas separadas que se chamam Direitinha e Esquerdinha. Antes que você perceba, elas começam a difamar uma a outra em nome da liberdade de expressão, competindo uma com a outra em nome da igualdade de oportunidades, e explorando o oxigênio e energia do corpo em nome da livre concorrência. Mas o que será de nós, o resto do corpo? E qual será o fim de Direitinha e Esquerdinha, também? Quem deverá vencer, elas ou o corpo? Podem ambos vencer?

Se Direitinha e Esquerdinha "derem as mãos" e trabalharem juntas, todos se beneficiariam. Não só elas poderiam prosperar, mas todo o corpo seria saudável e forte, e o resto dos órgãos poderiam contribuir alegremente com sua parte para o sucesso comum, com um objetivo comum para sustentar o corpo.

A sociedade americana é como esse corpo, e cada pessoa dentro dele é como aquelas mãos. Como Direitinha e Esquerdinha, perdemos o contato com a realidade e pensamos em nós mesmos como sozinhos, alienados e distantes. Mas a verdade é que apenas pensando assim, estamos fazendo todo o tecido social na América mais perto de entrar em colapso.

"Nenhum homem é uma ilha, inteira por si só; todo homem é um pedaço do continente, uma parte do principal ", escreveu John Donne em 1624. Se apenas lembrarmos de Direitinha e Esquerdinha que elas são partes de um mesmo corpo, tudo ficará bem. Da mesma forma, se nos lembrarmos que "nenhum homem é uma ilha", tudo estará bem no nosso mundo.

No Épico da América, Adams escreveu que o sonho americano "não é um sonho de veículos a motor e altos salários meramente, mas um sonho de ordem social em que cada homem e cada mulher deve ser capaz de alcançar a posição mais alta que eles são naturalmente capazes, e serem reconhecidos por outras pessoas pelo que elas são. "Com toda a abundância material que cria América, e as infinitas possibilidades que oferece para a realização pessoal, tudo o que precisamos para que todos possam ser felizes é lembrar que nós somos todos os órgãos do mesmo corpo, e nenhum órgão pode ser verdadeiramente feliz se todos os outros órgãos não estão felizes também.

Se, por exemplo, um pequeno espinho fica preso em meu dedo do pé, eu não posso estar à vontade até que ele seja retirado Da mesma forma, não podemos ser felizes a menos que todos nós estivermos felizes também. Isto pode não ser uma sensação palpável ainda, mas estamos rapidamente nos aproximando de um estado onde nós conscientemente percebemos que estamos todos no mesmo barco, e se não remarmos certamente afundaremos.

Apesar dos benefícios óbvios da abordagem holística, ainda tendemos a esquecer que estamos todos conectados. Não é uma decisão consciente, mas parece ser a nossa mentalidade natural pensar em nós mesmos como indivíduos separados.

Isto não seria um problema se não fosse o fato de ser o oposto completo da realidade. A comida em nossas mesas vem de todo o mundo, e o mesmo vale para as roupas em nossos corpos e os equipamentos que usamos para a comunicação e entretenimento. A ideia de que podemos dar conta por nós mesmos é provavelmente o maior absurdo da vida, mas todos caímos nisso.

Quando um bebê de um ano de idade dá seus primeiros passos, todo mundo aplaude e ele se sente no topo do mundo. Mas ele poderia se tornar independente? Ele poderia sobreviver sozinho?

Nós não somos muito diferentes. O fato de podermos ir ao supermercado e comprar nossa comida por nós mesmos não significa que nós a podemos fornecer para nós mesmos. Algum "pai" imaginário trouxe todos os mantimentos para a loja e nós apenas vamos lá para buscá-las. É verdade, nós trabalhamos pelo dinheiro para comprar os mantimentos, mas mesmo o fato de que temos um trabalho não é a nossa escolha independente, mas uma circunstância que nos foi imposta por esta coisa vaga que chamamos "vida".

Nós não somos únicos em nossa ligação e dependência uns dos outros. Cada criatura viva é dependente de seu ambiente para a sua sobrevivência. Somos únicos apenas em nossa resistência à nossa dependência. Cada animal aceita o fato de dependência mútua e vive com isso. Nós, a contragosto resistimos a isso e franzimos a testa para a necessidade de reconhecer o impacto de outras pessoas em nossas vidas. O resultado é que estamos vivendo sob os mesmos princípios de dependência mútua, como o resto da natureza, mas enquanto todas as outras criaturas aceitam como natural, nós nos ressentimos. Isto é o que complica nossa vida e a torna difícil.

A dependência mútua não é difícil em si, mas a experimentamos assim, porque almejamos independência e também para nos convencer disso. Na verdade, o que está nos atormentando-nos não é a nossa dependência dos outros, mas o nosso ressentimento disso, a nossa orientação inata para nos separar de todos, o que é, por definição, impossível.

Parece que estamos condenados ao sofrimento eterno, mas realmente não estamos. Cada sistema tem suas leis. Sem leis não haveria sistema, mas caos. O truque é aprender como usar essas leis para nossa vantagem. Quando a NASA lança naves espaciais no espaço exterior, se baseia em uma manobra chamada "estilingue gravitacional" para acelerar as naves espaciais utilizando uma quantidade mínima de combustível. Ela faz isso, tirando partido do movimento e da gravidade dos planetas no caminho da espaçonave. Da mesma forma, se aceitarmos que a interdependência é uma lei natural, seríamos capazes de usá-la para nossa vantagem.

No entanto, os seres humanos não são animais comuns, mas animais com ego. Nossos egos nos fazem sentir únicos e, portanto, se ressentem de ser dependentes dos outros. A única maneira pela qual podemos "persuadir" a nós mesmos que a interdependência é saudável para nós, também, é mostrarmos aos nossos egos que podem se beneficiar disso. Assim como cada órgão do nosso corpo é único, é também uma parte vital de um todo maior, e o todo fornece a parte com tudo o que ele precisa para a sua sobrevivência e prosperidade. Da mesma forma, cada pessoa neste planeta é única, mas essencial para a integridade da sociedade humana, e a sociedade humana fornece a cada um de nós o que precisamos para a nossa sobrevivência e auto realização. Este conceito é a essência do plano de ação que mencionei no Prefácio.

Quando nós compreendamos plenamente os meandros de nossas conexões internas, vamos saber como devemos trabalhar de modo a estar em pleno controle de nossas vidas. Para fazer isso, devemos primeiro compreender que num sistema em que todas as partes estão conectadas, nenhuma parte é mais importante, ou menos importante. Cada parte tem seu papel único, e é igualmente essencial para o sucesso de todas as outras partes. Essa é a única igualdade da Natureza.

O plano de ação baseia-se na igualdade como base para todas as interações humanas. É por isso que eu a chamei de "Educação Integral" (EI). Integral, significando todo, englobando todos, e Educação, que significa que nós ensinamos a nós mesmos a pensar integralmente, ao invés do nosso pensamento atual egocêntrico. Esta igualdade única é também a razão do elemento principal na EI ser o círculo de conexão (CC) -onde não há chefe, nenhuma parte é mais importante, cada um é igualmente essencial para a integridade do círculo, mas cada ponto dentro dele é diferente. Para tornar a explicação mais clara, dividi o livro em duas partes. A Parte Um elabora sobre as ideias por trás da EI, e quais devem ser os princípios que nos permitam transcender o pensamento egocêntrico. Isso nos permite desfrutar dos benefícios de perceber a lei da conexão. A Parte Dois oferece exemplos práticos e exercícios que todos nós podemos fazer, para nos ajudar a experimentar esta nova forma de conectividade. Assim, sem mais delongas, vamos começar.

Parte um

Estamos Todos no

Mesmo Barco

Capítulo 1:

Porque leva
O mundo inteiro
Para fazer um lápis

"Estamos todos no mesmo barco, uma economia global. Nossas fortunas crescem juntas, e caem juntas. ....
Nós temos uma responsabilidade coletiva para criar um mundo mais estável e mais próspero, um mundo
em que cada pessoa, em cada país pode atingir seu pleno potencial. "1

Christine Lagarde, Diretora Geral do Fundo Monetário Internacional (FMI)

Se você tem filhos, você provavelmente sabe o que se sente quando eles vêm correndo para você soluçando
tanto que mal podem respirar, muito menos falar. Você está morrendo de vontade de saber o que aconteceu,
mas a primeira coisa a fazer é abraçar seu filho chorando e suavemente dizer: "Calma, calma, bebê, está tudo
bem", embora você saiba que não está. Quando eles finalmente param de chorar, você suavemente perguntar:
"Agora você pode me dizer o que aconteceu"?

Em 2011, a humanidade estava como aquela criança chorando. A inquietação mundial de 2011 mudou o mundo para sempre. Milhões de pessoas tomaram as ruas em muitos países- da Primavera Árabe no Oriente Médio por meio do Movimento Ocupa nos EUA e na Europa. Onde quer que a "tempestade social" batia, as demandas por justiça social e igualdade surgiam das multidões.

As pessoas começaram a exigir soluções para seus problemas; elas queriam mudança. Não poderiam formular suas demandas em palavras, mas uma sensação profunda de que estavam sendo maltratadas as levou a agir, para sair às ruas e protestar, às vezes arriscando suas vidas no processo.

O que causou esses protestos? Por que entraram em erupção naquele ponto no tempo? Por que aconteceram em tantos lugares, e quase simultaneamente, como se alimentassem uns aos outros?

Estamos vivendo em uma época em que as fronteiras são uma invenção da imaginação. A internet não conhece fronteiras, informações e ideias e viajam pelo mundo praticamente à velocidade do pensamento. Para entender como as coisas funcionam em uma era tão conectada, precisamos olhar para a humanidade como se fosse do ponto de vista do olho de um pássaro ao invés de se concentrar em cada parte da humanidade separadamente para determinar o que levou à atual crise global.

O que é uma crise?

Dicionário Merriam-Webster define o termo "crise", como "O ponto de viragem para melhor ou pior." Além disso, "O momento decisivo", e "Um tempo instável ou fundamental ou estado de coisas em que uma mudança decisiva é iminente, "ou" A situação que atingiu uma fase crítica. "

Em grego, Krisi, significa, literalmente, "decisão", de krinein, "decidir".

Desde a eclosão da crise financeira global em 2008, tornou-se cada vez mais claro que estamos em um ponto de inflexão histórico. As taxas de divórcio estão a subindo, e muitas pessoas não têm desejo de casar ou ter famílias. 2. O abuso de substâncias está aumentando, 3. E violência e o crime continuam, apesar do fato de que a população carcerária dos Estados Unidos mais do que duplicou nos últimos quinze anos.4 O sistema de ensino está enfrentando numerosos desafios, 5. Como descrito por John Ebersole, presidente da Excelsior College: "As correntes de mudança têm impulsionado o setor na direção, ou sobre, uma rocha após a outra."

A insegurança pessoal é também um problema. É um fato pouco conhecido, mas hoje há mais armas nas mãos de cidadãos norte-americanos do que há cidadãos americanos, seis mesmo assim o armamento pessoal continua. 7 . Quando você considera todas essas informações, não é de estranhar que "quase quarenta por cento das pessoas sofre de doenças mentais. "8

Até recentemente, a humanidade avançou gradualmente de geração em geração acreditando que nossos filhos teriam uma vida melhor que a nossa. Isso nos deu conforto e esperança. Mas hoje, o futuro não parece tão brilhante, como muitos pais enfrentam a realização sombria de que os seus filhos possam realmente ter uma vida pior do que a deles.9. Parece que a humanidade mudou para o modo crise.

"Não há um de vocês cujas ações não operam sobre as ações dos outros. .... Vocês não podem viver por si mesmos; mil fibras conectam você com os seus companheiros, e ao longo dessas fibras, como ao longo dessas fibras, como ao longo das fibras eferentes, que executam suas ações como causas, e voltam para você como resultado. "."

Henry Melvill, diretor do the East India Company College 10

Ao longo das últimas décadas, a humanidade tornou-se cada vez mais conectada. Graças à nossa economia globalizada, podemos comprar produtos e serviços baratos de outros países, ou vendê-los a países que não podem produzi-los por conta própria. Hoje você pode obter qualquer coisa de roupas a eletrônicos e até mesmo cursos universitários de qualquer lugar do mundo.

Se, por exemplo, o seu filho precisa de um novo lápis para a escola, você pode não estar ciente disso, mas o mundo inteiro participou em sua fabricação. Pode não parecer assim no início, mas se tomarmos apenas o processo de produção do grafite como um exemplo (o material cinza no interior do invólucro geralmente amarelo), você vai ver o que quero dizer.

O grafite é geralmente escavado do solo na China ou da Índia, ou possivelmente do Brasil, em seguida, enviado para onde é processado, misturado com barro, e colocado dentro da caixa. O próprio processo de produção envolve uma grande quantidade de máquinas, que é feita em vários países. A máquina em si envolve materiais, computadores, programadores, linhas de montagem, e tudo mais necessário no processo de fabricação, que finalmente conduz o grafite que é colocado na mão do seu filho.

Se você levar em conta o transporte de materiais, tais como o próprio grafite e da argila que é misturado a ele, e o envio do maquinário utilizado para produzi-lo, então você tem que considerar tudo o que tem a ver com a construção dos navios ou os aviões que os carregam. Em suma, mesmo fazendo algo tão simples como o material cinza dentro do lápis requer o envolvimento de todo o mundo. Qualquer atraso na entrega, mesmo de um dos elementos dessa cadeia vai tornar lenta ou mesmo parar a produção de lápis de milhões de crianças.

Com este estado em mente, o professor Ian Goldin, da Universidade de Oxford, e ex-vice-presidente do Banco Mundial afirmou em uma palestra: "A globalização está ficando mais complexa, e essa mudança está ficando mais rápida. O futuro será mais imprevisível. ... O que acontece em um lugar muito rapidamente afeta tudo. Este é um risco sistêmico. "11

O devastador terremoto e tsunami que atingiu o Japão em 11 de março de 2011 é uma prova real do que pode acontecer com os sistemas quando uma parte deles está danificada. O tsunami dificultou a cadeia de produção e importação de carros e peças de automóveis do Japão para os EUA por muitos meses seguintes ao evento.

O cabo de guerra em curso entre a Grécia e os poderes econômicos da zona do euro é outro exemplo da interdependência económica. A economia da Grécia está com problemas mais ou menos desde a crise financeira em 2008. Ela recebeu bilhões de dólares em empréstimos, no entanto, não pode pagá-los de volta. Como resultado, de vez em quando o governo grego ameaça dar calote em sua dívida e deixar a zona do euro, que efetivamente tem a cobrança da dívida como causa perdida.

Sempre que isso acontece, um debate emocional começa em torno da pergunta: "O que acontecerá se, ou quando, Grécia deixa a zona euro?" Parece que um país tão pobre, com uma pequena economia, dificilmente afetaria o resto do bloco europeu, mas todo mundo tem pavor de tal momento. Não é que a zona euro vai entrar em colapso se a Grécia a deixar, mas, sem dúvida, terá um forte impacto sobre seus bancos, que terão que amortizar bilhões de dólares em dívida. Pior ainda, se a Grécia se aposenta da zona do euro e consegue se recuperar economicamente, este poderia ser um incentivo para outros países com economias pobres a fazerem o mesmo. Tal reação em cadeia poderia desmontar toda a zona euro e negar a Europa o seu poderoso status econômico.

Aqui está outra metáfora, que pode acontecer mais perto do que se imagina, pense em um casal tendo um colapso no casamento. Quando chega o pico da crise, eles estão tão ressentidos um com o outro que não podem tolerar viver juntos. Enquanto eles ainda estão vivendo na mesma casa, antes que um deles faça as malas e vá embora, eles estão tão impacientes que mal podem esperar o momento de se separarem. Nesse estado, a casa parece-lhes mais como uma jaula do que uma casa. Parece que a casa os prende juntos, enquanto que a sua repulsa os empurra para longe um do outro. Como aquele casal, estamos ressentidos uns dos outros, ainda grudados e dependentes uns dos outros para nosso bem-estar, tanto físico como emocional.

"Os historiadores olharão para trás e dirão que este não era um momento comum, mas um momento de definição: um período sem precedentes de mudança global, um momento em que um capítulo terminou e outro começou - para as nações; para continentes; para todo o mundo".12

Gordon Brown,

Historiador, ex Primeiro Ministro do Reino Unido. (2008)

No passado, o mundo era um agregado de partes isoladas, mas como a rede de conexões globais cresce mais forte e mais complexa, estamos encontrando-nos em um mundo novo, volátil e imprevisível. O renomado sociólogo, Anthony Giddens, expressou ainda que de forma sucinta, mas com precisão o desenvolvimento do mundo na direção do emaranhamento: "Para melhor ou pior, estamos sendo empurrados para uma ordem global que ninguém entende totalmente, mas que está fazendo sentir seus efeitos sobre todos nós".13

Sem planejar, nós mudamos de remar nossos próprios e pequenos barcos no mar da vida para estarmos amontoados no mesmo barco, como Christine Lagarde apontou no discurso acima mencionado. Porque agora estamos todos no mesmo barco, somos dependentes uns dos outros. Esta dependência mútua significa que, a menos que todos estejamos de acordo para onde queremos navegar, nós não seremos capazes de navegar para qualquer direção que seja. Você pode imaginar o que acontece quando você tem um cabo de guerra entre dois grupos, mas entre centenas de grupos que puxam em direções diferentes? Isto é o que a nossa economia mundial parece ser, e por isso estamos presos em uma desaceleração global por tanto tempo, sem fim à vista. A mudança só acontecerá quando todos os países concordarem para onde o mundo precisa ir.

"Como a interdependência expõe todos ao redor do mundo de uma forma sem precedentes, reger os riscos globais é o grande desafio da humanidade. Pense nas alterações climáticas; os riscos da energia nuclear ...; ameaças terroristas ...; os efeitos colaterais da instabilidade política; as repercussões econômicas das crises financeiras; ... epidemias; e, pânicos repentinos movidos pela mídia, como recente crise do pepino da Europa. Todos esses fenômenos fazem parte do lado escuro do mundo globalizado: a contaminação, contágio, a instabilidade, a interligação, a turbulência, fragilidade compartilhada ... Interdependência é, de fato, a dependência mútua, a exposição a riscos compartilhados.

Nada está completamente isolado, e assuntos estrangeiros não existem mais... O s problemas das outras pessoas agora são nossos problemas e não podemos mais olha-los com indiferença, ou esperar colher algum ganho pessoal deles".

Javier Solana,

Ex-Secretário Geral da OTAN 14

Transformando Conectividade de Ruína Para Benefício

Para entender a dinâmica de hoje, devemos lembrar a natureza conectada do mundo. Aqui é onde a ciência pode ser de grande ajuda. Sistemas conectados não são novidade; toda a natureza é formada por eles. O corpo humano é um grande exemplo de sistemas conectados que funcionam dentro de um sistema maior conectado, "pai".

Em um corpo saudável, cada célula e órgão "conhece" o seu papel e o executa com perfeição. Ao fazê-lo, beneficia todo o corpo: o coração bombeia o sangue para o resto do corpo, os pulmões absorvem oxigênio para o resto do corpo, o fígado filtra o sangue para todo o corpo.

Ao mesmo tempo, cada órgão do nosso corpo é também um consumidor, que recebe deste corpo tudo que necessita para a sua subsistência. No entanto, a razão pela qual cada órgão existe não é para agradar a si mesmo, para seu próprio prazer. O próprio pensamento dos órgãos "agradarem a si mesmos" é estranho. A forma natural do pensamento é que cada órgão existe, a fim de melhorar o bem-estar de todo o organismo! Em outras palavras, um órgão saudável não é autocentrado, com o objetivo de beneficiar-se, mas centrado no organismo, com o objetivo de beneficiar todo o corpo.

Órgãos existem como partes de um coletivo que juntos formam uma unidade única, completa. Sem o contexto daquela unidade, nós não seríamos capazes de compreender a função ou finalidade de cada órgão. Os nutrientes que recebe de cada órgão do corpo assegura o seu funcionamento e percebe o propósito de sua existência, o seu papel exclusivo com relação ao resto do o organismo, e realiza seu pleno potencial por "partilhar" o que produz com todo o organismo.

Quando um dos sistemas do organismo não desempenha a sua função, o organismo fica doente. Se a doença é prolongada ou aguda, pode levar ao colapso de todo o sistema e a morte do organismo.

Uma das doenças terminais mais comuns de hoje é o câncer. Se você olhar como o câncer se desenvolve, você vai ver que ele se comporta exatamente como uma pessoa egoísta iria se comportar em uma sociedade.

As células cancerosas não executam a tarefa que o órgão onde elas crescem destina-se a levar a cabo. Ainda pior, "sequestram" vasos sanguíneos do órgão para seu próprio uso, e, assim,

"mata". Eventualmente, o câncer mata todo o corpo, e o câncer morre juntamente com a pessoa. E, no entanto, a sua natureza "egoísta" não pode deixá-lo trabalhar de outra maneira.

Assim como um corpo, a sociedade humana e as mudanças que ocorreram em todo o mundo nas últimas décadas indicam que a humanidade está se tornando um sistema integrado e interligado. Portanto, as leis que definem a conexões mútuas entre órgãos do corpo se aplicam à sociedade humana, também.

"O século 21, ao contrário do período após o Congresso de Viena, não é mais um jogo de soma zero entre vencedores e perdedores. Pelo contrário, é um século de vários nós de rede. Quanto melhores esses nós estão conectados uns com os outros, mais eles vão entrar em ressonância com os melhores ideais e princípios ".

Professor Dr. Ludger Kunhardt,

Diretor do Centro para a Integração Europeia estudos[15]

Até recentemente, nós sentimos que cada um de nós é mais ou menos um ser autônomo. Nós construímos uma sociedade que permite que todos tenham sucesso individualmente, mesmo quando esse sucesso vem à custa dos outros.

Agora, a rede de conexões que está se desenvolvendo está nos dizendo que esta abordagem pode não funcionar mais. A velha maneira esgotou-se e precisa ser atualizada. Para avançar, nós devemos aprender a trabalhar em sintonia com a globalização, e para isso, devemos conectar uns aos outros e trabalhar juntos.

Numerosos especialistas já explicaram que o velho mundo está caindo aos pedaços, porque se baseia em uma abordagem autocentrada e obsoleta. O novo mundo nos obriga a reconstruir os sistemas e processos de acordo com a nova abordagem de colaboração e de garantia mútua, o que significa que todos nós somos garantimos o bem-estar do outro. Para garantir nossa sobrevivência, nós temos que aprender a trabalhar juntos. Cada pessoa, cada sociedade, cada nação, e cada estado terá que aprender a cooperar para o bem comum.

"O verdadeiro desafio hoje é mudar nossa maneira de pensar, não apenas em nossos sistemas, nas instituições ou na política. Precisamos da imaginação para compreender a imensa promessa e desafio do mundo interconectado que criamos. ...O futuro está com mais globalização, e não menos, mais cooperação, mais interação entre os povos e culturas, e até mesmo uma maior partilha de responsabilidades e interesses. É a unidade na nossa diversidade global que nós precisamos hoje. "

Pascal Lamy, diretor-geral da Organização Mundial do Comércio (OMC) [16]

A solução para os nossos problemas depende, em primeiro lugar em mudar a nós mesmos e nos ajustando à nova realidade.

Em todo o mundo, as pessoas já estão começando a mudar seu comportamento. Elas estão começando a perceber que seus governos não estão funcionando corretamente e não oferecem soluções reais para os seus problemas. Como resultado, muitos optam por sair para as ruas e protestar.

No entanto, quando as pessoas protestam, a fim de melhorar a sua situação pessoal, elas estão inadvertidamente tornando as coisas piores para si mesmos. Hoje, qualquer pressão que beneficia um segmento específico da população, necessariamente, acaba fazendo às custas dos outros. Essa correlação só irá intensificar as lutas de poder que já existem entre os grupos de pressão, que, por sua vez, irá acelerar o declínio da sociedade e não vai beneficiar ninguém a longo prazo. O novo estado do mundo é tal que todos nós, cidadãos comuns para os tomadores de decisão, deve resolver nossos problemas através de deliberação, consideração, e um espírito de garantia mútua.

"O nosso bem-estar está inextricavelmente entrelaçada com a de estranhos de todo o mundo. .... Em algum momento, nós vamos ter que ir além de modo de combate e nos adaptar à nossa interconectividade. Como Clinton disse, "Nós achamos que a nossa interdependência aumenta ... o que fazemos melhor quando outras pessoas fazem melhor, bem, por isso temos de encontrar formas que todos nós possamos ganhar. "'

Gregory Rodriguez, diretor fundador do Centro para

Coesão Social na Universidade do Estado do Arizona[17]

O novo mundo requer que revolucionemos as nossas relações, não pela força, mas em nossos corações. Tem que acontecer dentro de cada um de nós. Nos capítulos 3 e 4, vamos discutir como obter sucesso com essa transformação, e na segunda parte iremos explorar alguns exemplos práticos da mesma. Mas o principal que precisamos reter de tudo o que foi dito até agora, e do que se seguirá, é que agora é a hora de mudar nosso foco do "eu" para "nós", isso nos tirará de nossas visões estreitas em direção à nossa grande, esfera comum. Não há dúvida de que estamos vivendo um momento especial. A garantia mútua entre nós apresenta-se como a lei da vida em nosso mundo conectado. No próximo capítulo, vamos expandir sobre o porquê e como o todo da natureza forma uma única unidade.

"Eu perguntei ao Dalai Lama qual é a chave para a paz?

Ele disse: "penso que nós, não você ou eu."

Kenro Izu, fundador dos Amigos sem Fronteiras[18]

"Um ser humano é parte de um todo chamado por nós de" universo.

".... Nós experimentamos a nós mesmos, nossos pensamentos e sentimentos como algo separado do resto, uma espécie de ilusão de ótica de consciência".

Albert Einstein, em uma carta datada de 1950.19

A vida é um fenômeno fascinante: dinâmica e em constante mudança. Atriz Dóris Day nos ensinou que "Que será, será, tudo que será, será, o futuro não é nosso para ver. "Ela estava certa, mas só até certo ponto. Antes que as pessoas entendessem eletricidade, não podiam explicar um raio, então atribuíam os raios à ira dos deuses. Mas graças à ciência, sabemos que o relâmpago não acontece; é causada por certas condições atmosféricas. Isso nos permite prever onde é provável que um raio caia. Não é uma ciência exata, mas é o suficiente para que planejemos com relativa certeza onde é seguro estar e onde devemos ter mais cuidado.

Se uma pessoa que viveu no século 18, por exemplo, de alguma forma adormecesse e acordasse no século 21, ela ficaria completamente sobrecarregado com todos os milagres que a humanidade tem realizado desde que ele acordou pela última vez. No entanto, sabemos que estes não são milagres, mas sim ciência.

A ciência nos diz que as mudanças em nosso mundo não acontecem aleatoriamente, mas de uma forma muito clara direção, do simples para o complexo, e da separação para a integração. A publicação do Observatório Haystack do MIT explica o seguinte: Logo após o Big Bang, "O universo foi dominado por radiação. Logo, quarks combinados para formar bárions (prótons e nêutrons). Quando o universo estava com três minutos de idade, tinha esfriado o suficiente para estes prótons e nêutrons combinarem-se em núcleos. "20

Como o processo de crescente integração e complexidade continuou, estrelas nasceram, planetas em torno deles apareceu, e galáxias inteiras emergiram da poeira cósmica. Em pelo menos um dos planetas, o processo continua além do nível mineral para o nível orgânico, outra forma conhecida como "vida". Quando os materiais orgânicos combinados de uma forma que lhes deu a capacidade única de se replicar, o que apareceu é o que nós hoje chamamos de "vida". Estas foram as primeiras criaturas unicelulares como as amebas.

Como as células continuaram a se fundir em sincronia com o curso da evolução em direção a complexidade, eles começaram a se reunir em colônias e adotar tarefas especializadas que contribuíram para a congregação inteira. Cada célula "aprendeu" a contar com o resto das células para suprir suas necessidades. Isto permitiu que cada célula "dominasse" um ofício específico, ser a melhor nele, e proporcionar maior valor para a colônia. Estes foram os primeiros exemplos da natureza de garantia mútua, e os princípios que se aplicavam a essas colônias de células primordiais ainda se aplicam a todos os seres vivos.

Aproximadamente quatro bilhões de anos após o planeta Terra ser formado, a raça humana apareceu. Ao contrário do resto da natureza, nós, humanos, sentimos que somos distintos, separados do resto da natureza. Nós sentimos que somos superiores, não fazemos parte de todo o sistema, e que estamos acima dele. A raça humana introduziu uma nova característica no sistema da natureza: o senso de direito pessoal. Todos os outros animais, plantas e minerais executam suas tarefas como a natureza dita, através de instintos e comportamentos adquiridos. Mas nós temos a liberdade de escolha para trabalhar para o nosso próprio interesse, ou para o interesse de terceiros na nossa sociedade.

Se olharmos para a natureza, veremos que, na verdade, a escolha de garantia mútua e preferindo o interesse da sociedade sobre o interesse próprio é mais benéfico para o indivíduo. No capítulo anterior, dissemos que nenhum organismo pode existir se as suas células funcionam apenas para si. Da mesma forma, nenhum ser humano poderia existir se todos nós tivemos que trabalhar para nós mesmos. Imagine as sete bilhões de pessoas na terra cultivando a terra para si, cavando poços e bombeamento de água para si, e caça para alimentação e vestuário para si próprios. O que aconteceria com a nossa sociedade? Pior ainda, o que aconteceria conosco?

Acontece que o interesse pessoal dita que nós trabalhemos juntos. Mas se é assim, por que existe a condução dentro de nós para trabalharmos para nós mesmos, aparentemente não vendo a nossa interdependência real?

Em novembro de 2005, eu estava em Tóquio, onde eu tinha sido convidado pela Fundação GOI para a Paz para participar de uma conferência que tratava de alterações climáticas e escassez de água. A bióloga evolucionária, Elisabet Sahtouris, que também participou da conferência, forneceu uma descrição fascinante do conceito de interdependência entre os elementos autocentrados: "Em seu corpo, cada molécula, cada célula, cada órgão tem ... interesse pessoal. Quando cada nível ... mostra seu interesse pessoal, força as negociações entre os níveis. Este é o segredo da natureza. A cada momento no seu corpo, estas negociações conduzem o seu sistema para a harmonia. "

Se pudéssemos ver que a evolução continua até hoje e não pararmos quando homo sapiens apareceu, nós perceberíamos que não pararam de evoluir do simples para o complexo, e da separação para a integração. A única diferença do passado é que nós, seres humanos, não somos obrigados a integrarmos, ainda temos que escolher integração sobre separação. Se fizermos isso, uma vida de harmonia, equilíbrio e prosperidade seguirá.

Segue-se que o processo pelo qual o mundo se tornou uma aldeia global não é um incidente único, mas uma extensão natural dos quase quatorze bilhões de anos de evolução, desde o Big Bang. A crise que a humanidade está enfrentando hoje não é o colapso da civilização, mas o surgimento de uma nova etapa. Nesta etapa, a humanidade, também, se tornará uma entidade única, consciente de sua interconexão, e trabalhando em harmonia com ela. Quando atingirmos essa consciência, seremos como um único organismo, em que cada órgão trabalha para beneficiar o todo, enquanto o resto do organismo provê o órgão de todas as necessidades.

Porque a evolução não pode ser interrompida ou sair de curso, a unidade de toda a humanidade é uma certeza. A única questão é como nós viremos a ela, conscientemente, de bom grado, e agradavelmente, ou ao contrário.

Você Coça Minhas Costas e Eu Coço as Suas

"Unidade e complementaridade constituem a realidade", 21

Werner Heisenberg, físico, formulou o Princípio da Incerteza

Se olharmos como a natureza funciona, descobrimos um sistema de benefícios mútuos. Cada elemento no sistema complementa outros elementos e os serve, e recebe o que precisa deles em troca. É o que se pode chamar de "você coça minhas costas e eu coço as suas" do sistema.

A cadeia alimentar é um grande exemplo disso reciprocidade: Plantas se alimentam de minerais, herbívoros se alimentam de plantas, carnívoros e se alimentam de herbívoros. A cadeia alimentar contém sub redes de uma miríade, que juntas, formam uma malha onde cada elemento influencia todos os outros elementos. Como resultado, qualquer alteração em um elemento terá impacto sobre todos os outros elementos no sistema.

Cada elemento que desempenha a sua função permite que todo o ecossistema mantenha o equilíbrio. O equilíbrio é o que mantém sistemas saudáveis, robustos e permite-lhes prover o sustento para os animais e plantas dentro dele.

Um alerta e bastante divertido relatório apresentado ao Departamento de Educação dos Estados Unidos em outubro de 2003 por Irene Sanders e Judith McCabe demonstra o que acontece quando nós rompemos o equilíbrio da natureza. "Em 1991, uma orca, a baleia assassina-foi vista comendo uma lontra do mar. Orcas e lontras normalmente coexistem pacificamente. Então o que aconteceu? Ecologistas descobriram que a vara do mar e o arenque também estavam em declínio. Orcas não comem esses peixes, mas focas e leões marinhos sim. E focas e leões marinhos são o que as orcas costumam comer, e sua população tinha também diminuído. Então privadas de suas focas e leões marinhos, as orcas começaram a cercar as brincalhonas lontras do mar para o jantar.

"Então, as lontras desapareceram porque o peixe, que elas nunca comeram em primeiro lugar, desapareceram. Agora, a ondulação se espalha. As lontras não estão mais lá para comer ouriços do mar, assim que a população de ouriços do mar explodiu. Mas ouriços do mar vivem nas florestas de algas do fundo do mar, de modo que eles estão matando a alga marinha. Algas tem sido o lar de peixes que se alimentam gaivotas e águias. Como orcas, as gaivotas podem encontrar outros alimentos, mas as águias não podem e elas estão em apuros.

"Tudo isso começou com o declínio da vara mar e do arenque. Por quê? Bem, baleeiros japoneses foram matar a variedade de baleias que comem os mesmos organismos microscópicos que se alimentam de Pollock [um tipo de peixe carnívoro]. Com mais peixe para comer, o Pollock floresceu. Eles, por sua vez atacam a vara do mar e o arenque que eram o alimento das focas e leões marinhos. Com o declínio da população de leões marinhos e focas, as orcas tiveram que se voltar para as lontras. "

Como podemos ver, a natureza consiste de conexões recíprocas que criam equilíbrio e harmonia. Mas as pessoas não funcionam dessa maneira recíproca, nem entre si, nem entre si e a natureza. Apesar de nos sentirmos superior à natureza, somos parte dela. A discrepância entre a natureza e a humanidade, e os conflitos entre as pessoas, jogam todo o sistema para fora do equilíbrio, como demonstrou o exemplo anterior das orcas. Enquanto toda a natureza segue o princípio do reconhecimento mútuo de garantia onde você dá o que você pode e receber o que você precisa, as pessoas operam ao oposto: Nós tomamos o que pudermos e damos o que devemos. Pessoas exploram um ao outro, e a humanidade explora a natureza. Não é à toa que os recursos deste planeta estão quase esgotados.

"Nossas pegadas ecológicas já estão usando os recursos renováveis de 1,4 do planeta Terra, e provavelmente estará usando a de dois planetas Terra em 2050. Em outras palavras, estamos vivendo de forma insustentável e esgotando o capital natural da Terra. Ninguém sabe quanto tempo podemos continuar neste caminho, mas os alarmes ambientais estão se desligando".

G. Tyler Miller, Scott Spoolman, Viver no Meio Ambiente: Princípios, Conexões e Soluções. 22

A humanidade tornou-se como um tumor canceroso na natureza, tirando tudo para si, independentemente do meio ambiente. O câncer morre junto com seu organismo de hospedagem. Se a humanidade não se transformar em uma parte saudável no organismo da natureza, vai enfrentar um destino similar. Nós não seremos erradicados por completo, mas nós definitivamente pagaremos muito pela exploração de sua fonte de alimento, água e calor.

Para entender por que a humanidade está se comportando de forma tão irresponsável e irracional, precisamos dar uma olhada mais de perto na natureza humana. Como biólogo, Satures explicou no discurso de Tóquio que mencionamos anteriormente, "Cada molécula, cada célula, cada órgão ... tem interesse próprio." No entanto, ter interesse pessoal não significa que devemos ser egoístas. Pelo contrário, assim como o interesse pessoal das células as leva a colaborar, devemos chegar à conclusão que a manutenção do bem-estar do organismo-que é a humanidade-esteja no nosso melhor interesse pessoal.

O que oculta de nós o fato de que nós nos beneficiamos quando todos se beneficiam é o nosso senso de direito, ou narcisismo. Os psicólogos Jean M. Twenge e Keith Campbell descrevem a nossa sociedade como "cada vez mais narcisista."23 Em seu livro perspicaz, A Epidemia de Narcisismo: Vivendo na Era do Direito, Twenge e Campbell analisam "O aumento incessante do narcisismo em nossa cultura," 24 e os problemas que causa. "Os Estados Unidos está atualmente sofrendo de uma epidemia de narcisismo ", escrevem eles. "Traços de personalidade narcisista subiram tão rápido quanto a obesidade. Pior ainda, o aumento do narcisismo está se acelerando, com pontuação subindo mais rápido na década de 2000 do que em décadas anteriores. Em 2006, 1 em cada 4 estudantes universitários concordou com a maioria dos itens em uma medida padrão de traços narcisistas. Hoje, como cantor Little Jackie coloca, muitas pessoas sentem que 'Sim, senhor, o mundo inteiro deve girar em torno de mim.' "25 O dicionário Webster define o narcisismo como" egoísmo ". Acontece que, em palavras simples, todos nós nos tornamos terrivelmente egoístas.

O Prof. Tim Jackson, comissário de economia na Comissão de Desenvolvimento Sustentável do governo britânico, disse sobre a globalização: "É uma história sobre nós, as pessoas, sendo persuadidas a gastar dinheiro que não temos em coisas que não precisamos, para criar impressões que não vão durar, em pessoas que não se preocupam. "26

O nosso egoísmo exagerado levou-nos a desenvolver uma cultura de consumismo e seu cortejo de produção agressivo, marketing e consumo de bens e serviços, não porque nós realmente precisamos deles, mas porque precisamos mostrá-las. Nós compramos porque outros compram, porque nós não queremos estar fora de moda.

Consumismo fez com que toda a indústria acelerasse sua produção, resultando em uma série de despedimentos produzidos em uma alarmante taxa que aumenta constantemente. Estes produtos já estão poluindo o planeta e esgotando seus recursos apenas para atender ao nosso desejo insaciável de riqueza e status social. Mas há um limite para tudo, e temos quase chegado ao fim da nossa corda.

Depois do relatório de 2011 da Agência Internacional de Energia (AIE), International Energy Outlook 2011, Fatih Birol, economista-chefe da agência, disse à Fiona Harvey do The Guardian, "A porta está se fechando. Estou muito preocupado, se não mudar de direção agora em como usamos a energia, acabaremos além do que os cientistas nos dizem é o mínimo [de segurança]. A porta será fechada para sempre. "27

Da mesma forma, um resumo da Universidade de Yale relatou que "um rascunho do relatório do Painel Intergovernamental sobre Mudanças Climáticas (IPCC) afirma que há uma probabilidade de 2-em-3 que a mudança climática causada pelo homem já esteja levando a um aumento de eventos climáticos extremos. O rascunho do sumário disse que ... O clima cada vez mais selvagem ... vai levar a um aumento de vidas perdidas e danos à propriedade, e irá tornar alguns locais 'cada vez mais marginais, como lugares para se viver. "O relatório diz que os cientistas são" praticamente certos "que o continuo aquecimento fará com que não só um aumento das ondas de calor extremo e a seca em algumas regiões, mas também irá gerar chuvas mais intensas que levam a graves inundações. "28

Tome a seca grave de quatro anos de duração na Califórnia, por exemplo. No início deste ano, o governador da Califórnia, Jerry Brown determinou que "as agências urbanas reduzam seu consumo de água em 25 por cento." 29. Os agricultores, que usam 80 por cento da água do estado, estão isentos deste mandato recente. Natasha Geiling, da Think Progress, observa: "Em 2014, cerca de 500.000 hectares de terras agrícolas em pousio na Califórnia, custando a indústria agrícola do Estado US $ 1,5 bilhão em receitas e 17 mil empregos em épocas sazonais e empregos de meio expediente. Especialistas acreditam que a superfície total das terras agrícolas em pousio poderia dobrar em 2015 - e que as notícias fazem as pessoas em todo o país a pensar sobre a segurança alimentar "30.

"Craig Chase, que lidera o Centro Leopold de Marketing de Agricultura Sustentável e Iniciativa de Sistemas de Alimentos da Universidade Estadual de Iowa, disse à Think Progress: Quando você olha para os mapas de seca Califórnia, é uma coisa assustadora. ... Estamos todos querendo saber de onde virão os alimentos que queremos comer".

Um "estudo da NASA também descobriu que se as emissões continuarem a aumentar, o sudoeste americano tem uma chance 80 por cento de enfrentar uma mega seca de múltiplas décadas de 2050 até o final do século." 31

"Mega secas são o que o cientista da Universidade de Cornell Toby Ault chama de" grandes tubarões brancos do clima: poderosas, perigosas e difíceis de detectar antes que seja tarde demais. Elas aconteceram no passado, e ainda existem, à espreita do que é possível para o futuro, mesmo sem a mudança climática. "Ault vai tão longe a ponto de chamar as mega secas 'uma ameaça à civilização." 32

A nossa falta de preocupação com o meio ambiente está causando estragos às nossas necessidades mais vitais-nossas fontes de alimento e água. Já, que acordo com o World Wildlife Fund (WWF), " o excesso de pesca ... Está devastando populações de peixes. Mais de 75 por cento das pescas já estão totalmente exploradas ou sobre exploradas. "33

Além disso, Ian Sample do The Guardian escreve: "Cerca de 40% das terras agrícolas do mundo está seriamente degradada. A Avaliação Ecossistêmica do Milênio das Nações Unidas classificou a degradação da terra entre os maiores desafios ambientais do mundo, alegando que corria o risco de desestabilizar as sociedades, pondo em perigo a segurança alimentar e aumento da pobreza. "34

Mas os fatos sobre a água, substância mais essencial para toda a vida, são as mais alarmantes. Uma publicação oficial das Nações Unidas para a Infância

Fundo (UNICEF) detalha o mal e o perigo de beber água contaminada: "Quase cinquenta por cento da população de 2,5 bilhões de pessoas- tem falta de instalações sanitárias melhoradas no mundo em desenvolvimento, e mais de 884 milhões de pessoas ainda usam fontes de água não potável. O acesso inadequado aos serviços de água e saneamento, juntamente com práticas precárias de higiene, mata e adoece milhares de crianças todos os dias, e leva ao empobrecimento e diminuição de oportunidades para milhares mais. Saneamento pobre, água e higiene têm muitas outras repercussões graves. Crianças-e em especial as meninas, tem seu direito negado à educação porque as escolas não têm instalações sanitárias decentes .... As mulheres são forçadas a passar grande parte do seu dia buscando água. Os agricultores pobres e assalariados são menos produtivos devido à doença, os sistemas de saúde estão sobrecarregados, e as economias nacionais sofrem. Sem WASH (água, saneamento e higiene), o desenvolvimento sustentável é impossível. "35

"Uma vez que é a destruição dos suportes naturais da economia e as perturbações do sistema climático que estão dirigindo o mundo em direção à beira, estas são as tendências que devem ser revertidas. Isso requer medidas extraordinariamente exigentes, um rápido abandono dos negócios como são feitos hoje".

..."Como a terra e a água se tornam escassos, como aumentos de temperatura da Terra, e como a segurança alimentar mundial se deterioram, uma geopolítica perigosa de escassez de alimentos está surgindo."

Lester R. Brown, analista ambiental, fundador e presidente do Earth Policy Institute, e autor de O Mundo à Beira: Como impedir o Colapso Ambiental e Econômico.36

Em 6 de maio de 2011, Matthew Lee da Associated Press, relatou ", que a Secretária de Estado, Hillary Rodham Clinton, advertiu que a escassez mundial dos alimentos e preços em espiral podem causar uma desestabilização generalizada e está pedindo ação imediata para evitar uma repetição da crise de 2007 e 2008, que levou a tumultos em dezenas de países ao redor do mundo em desenvolvimento. ... A ONU estima que 44 milhões de pessoas foram empurradas para a pobreza desde junho passado por causa do aumento dos preços dos alimentos, o que poderia levar a uma escassez desesperada e agitação. Clinton disse que o mundo já não podia "continuar andando para trás em no fornecimento de ajuda de emergência para manter o Band-Aid atuando '." 37

Infelizmente, uma semana mais tarde veio o relatório desanimador que "O mundo desperdiça 30% de todos os alimentos." 38 De acordo com o relatório ", 30% de todos os alimentos produzidos no mundo a cada ano é desperdiçado ou perdido. Isso é cerca de 1,3 bilhões de toneladas, de acordo com um novo relatório da Organização para a Alimentação e Agricultura das Nações Unidas. .... É como se cada pessoa na China, país mais populoso do mundo, com mais de 1,3 bilhão de pessoas, tinha a quantidade de uma tonelada de comida que eles poderiam jogar na lata de lixo. .... Explicando este grande número, encontramos que as pessoas com mais dinheiro são as que mais desperdiçam. ... E esses números vêm ao fazermos relatórios sobre o aumento dos preços dos alimentos em todo o mundo na semana passada. "" Uma grande mudança de mentalidade é necessária ", concluiu o repórter da CNN Ramy Inocencio.

É verdade, precisamos mudar a nossa mentalidade para uma que apoie a garantia mútua. Com essa mentalidade, não jogaremos fora comida enquanto há pessoas que vão dormir com fome. Em uma sociedade de garantia mútua, isso seria como deixar sua própria família morrer de fome enquanto você come uma refeição pesada.

O economista Michel Camdessus foi por 13 anos Diretor Administrativo do Fundo Monetário Internacional (FMI). Em um vídeo chamado, "A ética e a Crise Financeira Global", 39 explica a conexão entre o estado da economia, o estado do ambiente, e a falta de garantia mútua, que ele vê como a origem de ambas as crises. "O que tem ocorrido é uma espécie de problema de ética, global. Por anos e anos, temos permitido que todos os avisos sonoros ... para os agentes financeiros para moderarem seu apetite financeiro, para se preocuparem com a comunidade, para se preocuparem com seus vizinhos, todos esses princípios foram esquecidos. Temos que restabelecer um tipo de sistema de ética global, que está faltando. .... Ambas [crise financeira e ambiental] encontram suas origens na sobre-exploração dos recursos naturais ou dos mecanismos econômicos. Tudo isso significa que todos nós devemos repensar nossos próprios modelos de concepção; todos nós devemos ser mais conscientes de que nos próximos anos vamos ter mais responsabilidades. "

Apesar dos limites óbvios dos recursos da Terra e da crescente evidência dos danos que causamos, continuamos a "ordenhar" a Mãe Terra, desnecessariamente poluindo o ar, água e solo, e deixando nossos filhos com um planeta que não irá proporcionar-lhes comida nem energia.

Quanto à nossa destruição continuada de fontes de energia finitas, Steve Connor do The Independent entrevistou Fatih Birol, economista-chefe da AIE. De acordo com Connor, "Dr. Birol disse que muitos governos e público   pareciam estar alheios ao fato de que o óleo do qual a civilização moderna depende está se esgotando muito mais rápido do que anteriormente previsto e que a produção mundial é suscetível de chegar ao pico em cerca de 10 anos, pelo menos uma década antes do que a maioria dos governos havia estimado. "40

Restabelecendo o Equilíbrio

"Até agora, o homem tem se mantido contra a natureza; a partir de agora, ele vai ser até contra sua própria natureza. "41

Dennis Gabor, inventor da holografia, vencedor do 1971
Prêmio Nobel de Física

O equilíbrio é o nome do jogo na natureza. É o estado que a natureza aspira a trazer para todos os seus elementos. A única razão pela qual qualquer substância ou objeto se move ou se modifica é a sua "aspiração" de restaurar o equilíbrio. Quando o ar se move de áreas onde a pressão do ar é mais elevada para onde é mais baixa, nós o chamamos de "vento". Quando o calor de um aquecedor se espalha pelo quarto, é por causa da tendência da natureza para equilibrar a temperatura em todo o espaço. O mesmo vale para o fluxo de água rio abaixo. A lei da natureza dos vasos comunicantes significa que, enquanto os níveis de água não forem equalizados, eles irão continuar a fluir para a menor bacia.

Em organismos vivos, um estado de equilíbrio é chamado de "homeostase" (do grego, homoios, "similar" e estase, "parado"). O dicionário Webster define a homeostase como "um estado relativamente estável de equilíbrio ou uma tendência em direção a um estado tal entre os diferentes, mas interdependentes, elementos ou grupos de elementos de um organismo, população ou grupo".

Nós, como elementos interdependentes na natureza, permanecemos na lei de "homeostase" em nossos corpos. No entanto, cabe a nossa decisão, se queremos cumpri-la em nossa sociedade.

No nível humano, manter a homeostase significa expandir nossa consciência do egocentrismo para a centralidade social e, finalmente, para a centralidade global. Precisamos aumentar a nossa consideração pelos outros e pelo nosso ambiente, que são todas as partes do sistema que nos inclui. Através dos exemplos que apresentamos acima, podemos presumir o que vai acontecer, se optarmos por permanecer alheios a nossa interconexão com os outros e com a natureza.

Dores do Parto

"Somos desafiados a superar os limites estreitos de nossos interesses individualistas às preocupações mais amplas com toda a humanidade. O novo mundo é um mundo de união geográfica. Isto significa que nenhum indivíduo ou nação pode viver sozinho. Todos nós devemos aprender a viver juntos, ou seremos forçados a morrer juntos. "

Martin Luther King, Jr.42

Agora que o egoísmo humano é uma ameaça à nossa existência, somos confrontados com duas escolhas. Nós podemos ficar de braços cruzados, deixar a natureza seguir seu curso, e esperar por problemas para bater à nossa porta, antes de contemplar como abordá-los. Ou, podemos agir e assumir a responsabilidade para o nosso futuro.

A raça humana ainda pode avançar em direção ao equilíbrio e harmonia com a natureza, e para a prosperidade duradoura. Tudo o que precisamos é implementar a abordagem de garantia mútua e ao fazê-lo nós mesmos sincronizar com a natureza. Isso fará com que a nossa sociedade sustentável, próspera, segura e pacífica-uma vez que não pode haver guerra entre as pessoas que atestam bem-estar do outro.

À luz de tudo isso, o próximo capítulo vai discutir medidas práticas que podemos tomar para estabelecer uma tal sociedade.

"O grande projeto do vigésimo primeiro século, o entendimento de como toda a humanidade vem a ser maior do que a soma de suas partes, está apenas começando.

Como uma criança despertando, o superorganismo humano está se tornando autoconsciente, e isso certamente irá nos ajudar a alcançar nossos objetivos. "

N. Christakis e Fowler J.,Conectado: O Poder Surpreendente de Nossa Networks43 social

Nos capítulos anteriores, falamos sobre as conexões que ligam o mundo em uma única rede. Nós dissemos que esta rede é uma criação natural da evolução, que se move do simples para o complexo, da separação para a integração. Esta conexão também determina que todos os sistemas da vida devem sustentar-se através da garantia mútua, e que, se a humanidade quiser prosperar e se desenvolver, precisará aplicar este modo de trabalho para si.

No entanto, mesmo se entendermos que precisamos de garantia mútua, que ainda não está claro como podemos criá-la. Como você instala um estado de espírito que é o completamente oposto à nossa natureza? Em outras palavras, como é que um indivíduo ou uma sociedade, muda de uma mentalidade de cuidar de si para cuidar do todo? Ou, em resumo, como é que vamos mudar do modo "eu" para o modo "nós"? E mais o difícil, como podemos fazer essa mudança permanente? Nós sabemos que maus hábitos custam a morrer. Mas o pensamento egocêntrico é mais do que um mau hábito; é uma mentalidade que precisamos mudar. Talvez nós ainda precisemos mudar toda a natureza humana. Como podemos mudar isso?

A resposta é que não podemos fazê-lo. Ou seja, não podemos fazê-lo por nós mesmos, porque nós absorvemos nossos valores e atitudes do nosso ambiente social. Portanto, se mudarmos nosso ambiente social, vamos mudar a nós mesmos. Ou ainda melhor, a mudança vai acontecer sem sentirmos que estamos mudando, uma vez que absorvemos naturalmente nosso meio ambiente e desfrutamos a conformidade com os valores que estão torno de nós. Por causa disso, se os valores em torno de nós foram os de doar e compartilhar, nos sentiríamos isso como sendo muito natural e confortável também.

Se você pensar sobre isso, você vai descobrir que muitas vezes você age de certas maneiras para ganhar a aprovação social daqueles que o rodeiam. Sendo apreciado pelo nosso meio social nos dá confiança e eleva nosso moral, enquanto a rejeição social nos dói e nos torna inseguros e envergonhados com o que somos. Por isso, conscientemente ou não, nós tendemos a estar em conformidade com códigos de comportamento e valores da sociedade.

Maria Konnikova, psicóloga e um escritora eloquente, escreveu sobre a nossa necessidade de estar em conformidade com os códigos da sociedade em seu blog na Scientific American: "Nós tendemos a nos comportar de forma bastante diferente quando esperamos ser observados do que quando não, e somos extremamente responsivos a manter costumes sociais e normas sociais. .... Quando decidimos fazer alguma coisa, devemos nos importar se alguém está nos assistindo? Embora, teoricamente, seja fácil argumentar que não deveríamos, e que as mesmas normas de comportamento se aplicam não importando o que, na prática, você faz normalmente. Isso vale para comportamentos menores (Você vai cutucar o seu nariz em público? E se você tiver certeza que ninguém está olhando?), Bem como coisas muito mais importantes (você machucaria alguém, seja fisicamente ou de outra forma, se os outros estão observando sua interação? E se você estiver certo de que o crime nunca se revelará para ninguém mais além de vocês dois?). "44

Portanto, assim que alterarmos os valores da nossa sociedade para que a garantia mútua e carinho um pelo outro sejam os mais importantes, vamos mudar os nossos valores em conformidade. Quando a sociedade valoriza as pessoas de acordo com sua contribuição para a sociedade, as pessoas vão naturalmente desejar contribuir, a fim de serem apreciadas. Se o respeito e status social que atualmente se devem a excelência na magia financeira foram dadas a pessoas que cuidam que melhoraram o bem-estar geral da sociedade, todo mundo iria começar a contribuir para a sociedade.

Alterando O Discurso Público

O ano de 2011 foi um ponto de viragem. Naquele ano, o mundo aprendeu o poder da mídia social. A agitação global que começou no mundo árabe e, posteriormente, se espalhou pela Europa demonstrou quão difícil é bloquear as notícias. Provou-se que qualquer pessoa pode determinar o que as outras pessoas vão falar a milhares de milhas de distância. Tudo o que é necessário é um smartphone simples e conexão com a Internet.

Se você examinar o conceito de 1% vs. 99%, você não vai encontrar quase nenhuma menção sobre isso antes do início dos protestos do movimento Occupy Wall Street (OWS) em 17 de setembro de 2011. Mais recentemente, temos visto a brutalidade policial, o pedágio de campanhas militares contra civis, atrocidades das guerras civis e desastres naturais documentados e enviados para os sites de mídia sociais, onde rapidamente se tornam virais. O efeito acumulado de todos estes acontecimentos faz com que seja impossível para os principais meios de comunicação ignorá-los e eles começam a cobri-los, também. Desta forma, cada um de nós pode se tornar uma "agência de notícias" significativa que podem impactar o discurso público.

Outro reconhecimento do poder do discurso social e da opinião pública para melhorar a sociedade veio em uma declaração escrita pelo Banco Mundial intitulado, "O Poder do discurso público": "O conceito de desenvolvimento aberto [a concessão de oportunidades de comércio iguais a todos] pressupõe o aumento da oferta de informação disponível aos cidadãos. ... O objetivo de tudo isso [desenvolvimento aberto] é criar uma mudança na relação de poder das instituições e governos, cuja responsabilidade é a prestação de serviços e melhora da vida para as pessoas a quem esses serviços supostamente beneficiariam. Esse poder pode ser efetivamente exercido por pequenos grupos de cidadãos que trabalham em conjunto para identificar e enfrentar os políticos ou prestadores de serviços que não estão realizando os serviços para os quais o dinheiro foi disponibilizado. Devido à corrupção ou interesse político ou pessoal são fortemente arraigados, o desenvolvimento mais aberto não é suscetível de ter os efeitos desejados, a menos que vários públicos sejam capazes, coletivamente e de forma pacífica, exercer influência pública. "45

A influência do ambiente social foi provada empiricamente em 1951, em um dos experimentos mais famosos da história da psicologia social. Naquele ano, o psicólogo Solomon Asch Eliot realizou um estudo que ficou conhecido como o Experimento Asch de Conformidade. Mas mais importante do que o seu título, o experimento de Asch colocou um espelho que refletia uma verdade humilhante sobre nós, mais frequentemente do que pensamos, nós fazemos o que os outros fazem, e dizemos o que os outros dizem, simplesmente porque os outros dizem e fazem. Nós raramente perguntamos por quê.

A experiência de Asch foi muito simples: usando o Julgamento de tarefas em linhas, ele colocou um participante que nada sabia em um quarto com sete pessoas que colaboraram com o experimentador. Os colaboradores tinham combinado com antecedência como suas respostas seriam quando fossem apresentados à tarefa em linha. O participante que nada sabia foi levado a acreditar que os outros sete participantes eram também participantes reais.

Cada pessoa no quarto tinha que declarar em voz alta qual linha de comparação (A, B ou C) era mais parecida com a linha x (linha alvo). A resposta era sempre óbvia. O verdadeiro participante sentou no final da fila e deu a sua resposta por último. Havia 18 ensaios no total e os participantes falsos deram a resposta errada em 12 testes.

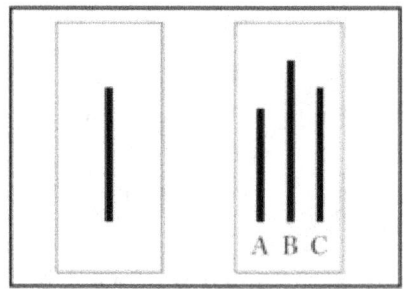

Em média, cerca de um terço dos participantes que foram colocados nesta situação seguiram em conformidade com a maioria claramente incorreta. Ao longo dos 18 testes, aproximadamente 75% dos participantes conformaram-se pelo menos uma vez e 25% dos participantes nunca.

Por que os participantes concordaram tão facilmente? Quando eles foram entrevistados após o experimento, a maioria deles disse que eles realmente não acreditavam em suas respostas, mas tinham seguido com o grupo por medo de serem ridicularizados. Alguns deles disseram que eles realmente acreditavam que as respostas do grupo estavam corretas.

Aparentemente, as pessoas se entram em conformidade por duas razões principais: porque eles querem se encaixar no grupo (influência normativa) e porque acreditam que o grupo é mais bem informado do que eles (influência informacional) .46

A experiência de Asch foi inovadora e abriu a porta para uma série de estudos e publicações posteriores. Uma vez que os pesquisadores aprenderam que estudar a natureza humana poderia nos ensinar muito sobre como nos comportamos, eles começaram a estudar todos os aspectos do comportamento humano em uma tentativa de compreender a nossa natureza. No processo, eles quebraram os tabus, da sexualidade (Masters e Johnson, Dr. Ruth, e outros) ao role-playing (experiência na prisão de Stanford, por Zimbardo).

Um novo estudo analisou ainda a ideia Orwelliana onde as pessoas em torno de nós podem mudar nossas memórias. Um estudo do Instituto de Ciência Weizmann, testou em que medida as memórias das pessoas podem ser alteradas através da manipulação social. A liberação do Instituto Weizmann, declarou: "Uma nova pesquisa do Instituto Weizmann mostra que um pouco de pressão social pode ser tudo o que é necessário."

O experimento foi realizado em quatro etapas. Primeiro, os voluntários assistiram a um filme. Três dias depois, eles passaram por um teste de memória, respondendo a perguntas sobre o filme. Eles também foram questionados quão confiantes estavam sobre suas respostas. Depois disso, eles foram convidados a refazer o teste enquanto eram analisados em um gerador de imagens de ressonância magnética funcional (fMRI), que revelou sua atividade cerebral.

Desta vez, as pessoas também receberam as supostas respostas dos outros de seu grupo de visualização. Foram colocadas falsas respostas às perguntas que os voluntários tinham anteriormente respondido corretamente e com confiança. Depois de ver essas respostas "colocadas", os participantes concordaram com o grupo, dando respostas incorretas em quase 70% do tempo!

Mas eles simplesmente concordaram com as demandas sociais, ou tinham a memória do filme realmente mudada? Para descobrir, os pesquisadores convidaram as pessoas a refazer o teste de memória. Em alguns casos, os entrevistados voltaram para as respostas originais e corretas, mas quase a metade permaneceu errada, o que implica que as pessoas estavam confiando em falsas memórias implantadas na sessão anterior.

Uma análise dos dados de fMRI mostraram diferenças na atividade cerebral entre as falsas memórias persistentes e os erros temporários de conformidade social. Os cientistas pensam que há uma ligação das partes sociais de processamento e a memória do cérebro: Um "carimbo" pode ser necessário ... para dar às memórias aprovação antes de serem enviadas para o banco de memória. Assim, o reforço social poderia agir em ... nossos cérebros para substituir uma memória forte por uma falsa. 47

"A maioria das pessoas nem sequer está consciente de sua
necessidade de concordar. Elas vivem sob a ilusão de que seguem as
suas próprias ideias e inclinações, que elas são individualistas, que
chegaram a suas opiniões como resultado de seu próprio pensamento -.
E que isso só acontece, pois, suas ideias são as mesmas da maioria "

Erich Fromm, A Arte de Amar 48

Agora que vimos o impacto da sociedade sobre a opinião das pessoas, podemos examinar a questão por um ângulo educacional. O impacto da mídia sobre as nossas opiniões, e até mesmo fisicamente em nossos cérebros, tem sido documentada e reconhecida mais de uma vez. Manchetes como "jogos violentos de vídeo games e mudanças no cérebro", 49 "vendedor norueguês puxa Games violentos em Wake of Attack," 50 e "ataques em massa na Alemanha fez com que vendedores deixassem de vender Jogos para adultos" 51 o que indica que as pessoas estão bem cientes que a mídia violenta e agressiva pode causar muitos danos. No entanto, apesar de nossa consciência, a mídia não apenas continua mostrando essas imagens ofensivas, mas até aumenta sua frequência e clareza.

Para entender o quanto a violência que absorvemos nos anos de formação da infância até os dezoito anos de idade, considere esta informação de uma publicação da Universidade de Michigan sobre o sistema de saúde. A publicação, intitulada "A televisão e as crianças", afirma que "uma criança americana verá, em média, 200.000 atos violentos e 16.000 assassinatos na TV por 18 anos" 52 Se considerarmos que há 6.570 dias em 18 anos, isso significa que, em média, aos dezoito anos de idade a criança vai ter assistido um pouco mais de trinta atos de violência na TV, 2,4 dos quais são assassinatos, todos os dias de sua jovem vida.

"Não é neutralidade que nos exigem, mas sim a unidade, a
unidade de garantia comum, de responsabilidade mútua, de
reciprocidade ... Este é o lugar onde nosso trabalho na educação entre
os nossos jovens, e mais ainda com os adultos exige."

Martin Buber, filósofo e educador, uma nação e um mundo:
Ensaios sobre eventos atuais.53

De tudo o que dissemos até agora, é claro que o ambiente determina quem somos, ou pelo menos o que nos tornaremos. O ambiente social nos constrói como seres humanos, e porque nós somos produtos de nossos ambientes, cada mudança que queremos impor a nós próprios deve ser instalada primeiro no nosso ambiente. Portanto, quando nós construímos um ambiente em que a garantia mútua seja recomendada e considerada louvável, será louvável aos nossos próprios olhos também.

A maneira mais rápida e eficaz de instalar valores pró-sociais em nosso meio é através dos elementos-chave que influenciam nossos pontos de vista, a mídia e a Internet. Para transformar a mentalidade social precisamos mudar o discurso na mídia. No momento, tolera e até mesmo promove códigos agressivos de comportamento, individualismo excessivo e egocentrismo, e geralmente nos empurra para nos tornar antissociais. Estes também são os valores que vemos emergir em nossas crianças e em nós mesmos. É por isso que é extremamente importante que invertamos os valores que a mídia promove. Se estivessem dizendo que dar, compartilhar e colaborar são bons, nós concordaríamos e de bom grado seguiríamos o exemplo.

Mas, na realidade de hoje de promoção da auto titularidade e de conduta manipuladora, às pessoas que atropelam as outras no caminho para o sucesso lhes é dado o apelido positivo de "Go-getter" (vai e toma) por isso não é nenhuma surpresa que aqueles que não são egoístas e maus na escola tendem a ser rotulados como "idiotas" ou "fracos". Quando permitimos que a mídia divulgue tais mensagens negativas e antissociais prevaleçam, não deveríamos nos surpreender que policiais sejam colocados em todas as escolas primárias no Texas, por exemplo. Eles são colocados lá não para impedir a entrada de adultos perigosos, mas para manter lá as crianças perigosas, e até mesmo prender algumas delas aos 6 anos! E não apenas uma ou duas, mas 300.000 crianças, só em 2010, e apenas em um estado.54

O entretenimento na TV não tem que significar espetáculos de promoção da titularidade ou da violência. Somos perfeitamente capazes de produzir uma televisão divertida e de alta qualidade que contenha mensagens pró-sociais. O jornalismo investigativo pode expor não apenas a corrupção, mas também mostrar como todos nós dependemos uns dos outros, e como podemos ter sucesso quando trabalhamos juntos. A mídia pode apresentar comunidades e iniciativas em que tais conceitos estão sendo implementados, como a cidade espanhola de Marinaleda, que o jornal The New York Times apresentou sua história inspiradora ", Trabalho e Nenhuma Hipoteca para Todos, Em Uma Cidade Espanhola." 55

Os meios de comunicação também podem discutir em que medida estes esforços sejam bem-sucedidos, como melhorar as nossas vidas, e como tais iniciativas são aplicáveis em diferentes partes do mundo. Como veremos a seguir, não é por falta de bons exemplos que a mídia não mostra muitas vezes como deveria, mas porque não recebe qualquer incentivo para o fazer. A mídia mostra o que traz lucro para os acionistas, e nós, os consumidores da mídia, determinamos isso.

A questão de fundo é que o discurso público precisa mudar. Quando isso acontece, as pessoas vão mudar seus pontos de vista e os meios de comunicação vão mudar seu conteúdo para se adequar ao discurso público. Mas a mudança deve começar com um esforço consciente, como a tendência atual dos meios de comunicação é antissocial e não pró-social.

Além disso, hoje uma mudança social não tem que começar no topo, em um horário nobre, programa de TV de alto nível nos canais mais populares. Pode apenas ser uma ação popular com alguns entusiastas que se juntam para formar um movimento social que será promovido através da Internet. Esta é precisamente a forma como o Movimento Occupy Wall Street começou.

Os meios de comunicação sociais como o Facebook, Twitter e YouTube permitem que qualquer pessoa com um pouco de direcionamento e bom senso promovam qualquer ideia que desejem, boa ou má, e gerar um burburinho em torno dele o suficiente para reunir uma massa crítica de ideias pró-sociais. Como veremos a seguir, leva uma pequena minoria determinada, para fazer uma mudança rápida, grande e decisiva.

Juntamente com os vários meios de comunicação, há a boa e velha circulação boca-a-boca. Difundir as melhores ideias, simplesmente falar sobre elas, em casa, no trabalho, com amigos, em fóruns on-line, e através de redes sociais. Basta dizer às pessoas o que você acredita que é certo vai fazê-las pensar.

"Nada melhor que chegar com um produto tão interessante que as pessoas simplesmente não conseguem parar de falar sobre ele. Nada é melhor do que os clientes apoiando um negócio que eles adoram ", escreve o consultor de marketing, Andy Sernovitz, em seu livro, Marketing de Boca a Boca: Como Empresas Inteligentes Conseguem que as pessoas falem, Edição Revisada.56

Há até mesmo um lado mais latente para a difusão de ideias. Elas podem ser espalhadas por pessoas simplesmente pensando ou querendo certas coisas. Em 10 de setembro de 2009, o jornal The New York Times publicou uma reportagem intitulada, "Estão Seus Amigos Fazendo Você Engordar? ", De Clive Thompson.57 Em sua história, Thompson descreve um experimento fascinante realizado em Framingham, Massachusetts. No experimento, os detalhes das vidas de 15.000 pessoas foram documentados e registrados periodicamente durante 50 anos. A análise dos dados feita pelos professores Nicholas Christakis e James Fowler revelou descobertas surpreendentes sobre como podemos influenciar um ao outro em todas as ideias físicas, emocionais e mentais e como ideias -podem ser tão contagiosas como vírus.

Em seu célebre livro, Conectado: O Poder Surpreendente de Nossas Redes Sociais e Como Elas Moldam Nossa Vida- como os Amigos dos Amigos dos Seus Amigos Afetam Tudo o que Sente, Pensa, e Faz, Christakis e Fowler estabelecido que havia uma rede de inter-relações entre mais de 5000 dos participantes. Christakis e Fowler descobriram que na rede, as pessoas se afetavam entre si e são afetadas uns pelos outros e não apenas em questões sociais, mas também com questões físicas, também.

"Ao analisar os dados de Framingham", Thompson escreveu: "Christakis e Fowler dizem que pela primeira vez encontrou alguma base sólida para uma teoria potencialmente poderosa em epidemiologia: que os bons comportamentos como parar de fumar ou ficar esbelto ou ser feliz, passa de amigo para amigo quase como se fossem vírus contagiosos. Os participantes de Framingham, os dados sugerem, influenciaram a saúde uns dos outros apenas por socializar. E o mesmo aconteceu com maus comportamentos, grupos de amigos apareceram para "infectar" os outros com a obesidade, a infelicidade, e tabagismo. Manter-se saudável não é apenas uma questão dos seus genes e sua dieta, ao que parece. Boa saúde é também um produto, em parte, de sua mera proximidade de outras pessoas saudáveis. "58

Ainda mais surpreendente foi a descoberta dos pesquisadores de que essas infecções podem "saltar" através de conexões. Parece que as pessoas podem influenciar umas às outras, mesmo que não se conheçam! Além disso, Christakis e Fowler encontraram evidências desses efeitos até três graus de separação (amigo de um amigo de um amigo). Nas palavras de Thompson, "Quando um residente de Framingham se tornou obeso, seus amigos se tornaram 57 por cento mais propensos a se tornarem obesos, também. Ainda mais surpreendente ... não era necessário ter alguma ligação. Um residente de Framingham ficou aproximadamente 20 por cento mais propenso a se tornar obeso, se o amigo de um amigo se tornava obeso-mesmo se o amigo de ligação não engordou um único grama. Na verdade, o risco de obesidade subiu cerca de 10 por cento, mesmo se um amigo de um amigo de um amigo ganhasse peso. "59

Citando o professor Christakis, Thompson escreveu: "Em certo sentido, podemos começar a entender as emoções humanas como felicidade da mesma maneira como poderíamos estudar o estouro de uma boiada.

Você não pode perguntar a um búfalo, 'Por que você está correndo para a esquerda? "A resposta é que todo o rebanho está indo para a esquerda". 60

Mas há mais sobre o contágio social do que medir o seu peso. Em uma conferência televisionada, o professor Christakis explicou que nossas vidas sociais (e, portanto, muito de nossas vidas físicas, a julgar pelos números anteriores) dependem da qualidade e da força de nossas redes sociais e o que corre nas veias dessa rede. Em suas palavras, "Formamos redes sociais, porque o benefício de uma vida conectada supera os custos. Se eu fosse sempre fosse violento com você, ... ou lhe deixasse triste ... você cortaria os laços comigo e a rede se desintegraria. Assim, a propagação de coisas boas e valiosas é necessária para sustentar e alimentar as redes sociais. Da mesma forma, as redes sociais são necessárias para a propagação de coisas boas e valiosas como o amor e bondade e felicidade, altruísmo e ideias. .... Eu acho que as redes sociais são fundamentalmente relacionadas à bondade, e acho que o mundo precisa agora de mais conexões". 61

Mudança de Mídia, Mudança de ideia

É muito bom pensar sobre o valor da garantia mútua, e assim fazendo aumentar a sua "popularidade". No entanto, é tão importante, se não for mais, procurar maneiras de instalá-la na sociedade através de ações.

Cada um de nós consome diferentes tipos de mídia, entretenimento e informação. As pessoas sabem o que elas gostam de assistir e ler, e onde gostariam de ir. Algumas pessoas gostam de assistir TV em casa, alguns no ginásio, e alguns em um banquinho de bar, enquanto conversam com o barman. Algumas não gostam de televisão, mas consomem sua informação e entretenimento através da Internet. Isso não precisa mudar. O que precisa mudar é o tipo de conteúdo que é apresentado.

Através de um processo gradual de introdução de novos valores, precisamos nos acostumar a pensar mais no enfoque da colaboração e cuidado do que na separação e alienação. Isso vai valer a pena muito rapidamente à medida que descobrimos que estamos vivendo com muito menos stress e suspeita, e desfrutando de um ambiente que nos supre muito mais socialmente com amigos e familiares.

No entanto, atualmente, a mídia apresenta uma riqueza de informações, a maioria das quais nós nem sequer estamos conscientes que a consumimos.... Nós simplesmente gostamos de ler e assistir sem prestar muita atenção para as mensagens que estamos absorvendo.

Dentro dos meios de comunicação social, as pessoas, tais como os anunciantes habilmente implantam suas ideias em nossas mentes. Eles tentam nos convencer que uma empresa é melhor do que todas as outras, ou, se nós não tivermos o último modelo de tal equipamento, nossas vidas não valem a pena serem chamadas de "vida". Logo depois que formos persuadidos a comprar esse dispositivo, a empresa surge com a "mais recente versão. "Desta forma, a corrida de ratos do consumismo nos deixa constantemente insatisfeitos e numa busca permanente por mais.

Considere o que aconteceria se em nossas mentes fossem implantadas com a ideia de que estamos todos interligados, e que ferir os outros é como se machucar. Como seria se o mundo seguisse o lema "Se você não for bom para os outros, você não é bom para nada"?

"Comunicação, a conexão humana, é a chave para o sucesso pessoal e profissional."

Paul J. Meyer

Cultivando novas conexões nos ajudará a lidar até mesmo com um desafio que está a emergindo como um dos temas mais explosivos na sociedade: o desemprego. Com o avanço da robótica e automação, o número de funcionários necessários para a produção e serviços vai continuar diminuindo drasticamente. Já, os robôs estão tomando o lugar onde os humanos eram indispensáveis até recentemente. Dos trabalhadores da linha de montagem, aos recepcionistas de hotel, aos advogados e cirurgiões, os robôs estão se tornando os operadores de escolha para muitos industriais e donos de empresas .62

O desemprego é especialmente desafiador quando se trata da geração do milênio. Jovens, pessoas educadas sentem que passaram seus melhores anos e seus (ou de seus pais) melhores recursos para qualificarem-se para um mundo que não existe mais. Em seu livro, O Admirável Mundo Novo de Trabalho, o Professor Ulrich Beck, um dos principais sociólogos da Europa, explica que "A sociedade do trabalho está chegando ao fim à medida que mais e mais pessoas estão sendo depostas por tecnologias inteligentes. Para os nossos homólogos no final do século 21, as lutas de hoje por mais de postos de trabalho vão parecer uma briga por cadeiras no Titanic. O "emprego para toda vida" desapareceu ... e todo o trabalho pago está sujeito à ameaça de substituição. "63

De um jeito ou de outro, a transformação do mercado de trabalho conduzirá a eliminação de indústrias redundantes que, por sua vez, vai levar à conclusão de que a maioria das pessoas simplesmente não são necessárias no mercado de trabalho.

No entanto, se as pessoas não estão trabalhando agora e nem no futuro, o que elas farão? Como viverão? Caso fiquem apoiados pelo governo ou qualquer outra entidade, ficarão ociosos durante todo o dia e não seriam destruídos mentalmente e emocionalmente? Esta poderia ser uma situação explosiva para qualquer sociedade, uma causa constante de inquietação, desordem e crime.

A solução para o desemprego será enviar as pessoas de volta para a escola. No entanto, este não será os estudos escolares comuns ou faculdades de qualquer tipo que conhecemos. Será uma escola para os cidadãos do mundo interconectado. Estudar na escola será gratuito, e o estado vai financiá-lo com o dinheiro que você vai economizar, pois cortará a força de trabalho da função pública. Já que salários de desemprego custam ao estado menos do que manter pessoas empregadas no desemprego oculto, o estado vai ficar com excedentes que podem ser investidos em causas sociais.

Além disso, a crescente tomada de consciência de nossa interconexão irá criar uma atmosfera onde é mais fácil para aqueles que têm que compartilhar um pouco do que eles têm com aqueles que nada têm. Algum ajuste na tributação também será provável, mesmo se simplesmente na forma de cobrança de impostos reais, ao invés dos ricos evadirem o dinheiro através de mágica de contabilidade.

No entanto, estas mudanças devem acontecer por vontade própria, uma vez que a maioria da sociedade reconhecer a nossa interligação e interdependência e apoiar tais reformas. A transição deve simplesmente acontecer, natural e espontaneamente, ao invés de ser ditada de cima para baixo.

Além disso, compartilhar com os menos afortunados não tem que ser sob a forma de dinheiro. Pode acontecer com a redução dos preços de aluguel para habitação, estreitando as margens de lucro dos produtos alimentícios para ajudar quem tem dificuldades financeiras, ou numerosas outras formas de apoiar a sociedade.

A escola para os cidadãos do mundo interconectado irá conceder bolsas de estudo aos participantes, assim como estudantes universitários receberão bolsas e auxílios. A bolsa de estudos para a participação na escola globalização será considerada como um subsídio e não salário desemprego, porque os subsídios de desemprego às vezes podem levar um carimbo social negativo, enquanto as subvenções não. É muito importante que os alunos da nova escola se sentam confiantes e até mesmo orgulhosos por estar lá. Isto irá torná-los mais receptivos ao material que está sendo ensinado.

Na escola de globalização as pessoas aprenderão como lidar com um mundo que se tornou interconectado, e as pessoas tornaram-se dependentes das outras para o seu sustento. Elas vão aprender sobre o curso da evolução, tal como descrito anteriormente no livro, a necessidade de ajustar a nossa sociedade para esse curso, os benefícios deste ajuste, e os danos de atrasar o ajuste.

As pessoas também vão aprender o valor da comunicação, novas formas de se comunicarem e habilidades diárias, como economia doméstica, comunicação interpessoal, e outros conhecimentos de grampos para funcionar em um mundo interconectado, tais como a solidariedade social, consideração pelos outros, e manter o ambiente seguro.

Porque as pessoas terão muito mais tempo livre, elas serão capazes de usá-lo para aprender novas habilidades, abrindo novas opções na busca de um emprego, quer seja como oportunidades para se socializar com novas pessoas, ou abrindo novas vias para contribuir para a sociedade. De qualquer forma, uma vez que o desemprego será a norma, as pessoas serão capazes de permanecer na escola, desde que levem a aprendizagem a sério lá.

Qualquer habilidade com mérito real, seja a agricultura ou programação de computadores, será útil no futuro como é hoje. Porque a vida das pessoas não vai depender de sua capacidade de vender os seus produtos, eles vão se concentrar em desenvolver apenas o que é realmente necessário e útil. Irão fabricar produtos que são construídos para durar, em vez de produtos com obsolescência programada, destinada a forçar as pessoas a gastar mais do que deveriam ou gostariam.

As pessoas vão ter tempo para socializar, frequentar a escola ou trabalho, mas haverá muito mais tempo livre do que há hoje, e as pessoas vão usá-lo para se socializar, como dissemos acima. No entanto, a socialização não vai ser um objetivo em si mesmo, mas um meio de enriquecimento, uma ajuda de aprendizagem, uma chance de obter insights sobre novos domínios do conhecimento, novas profundidades de pensamento, ou simplesmente para aumentar a confiança pessoal por ter mais amigos (amigos de verdade, não amigos de redes sociais).

Olhando para o futuro, a vida será muito diferente. Hoje as pessoas estão tão estressadas que mal têm tempo para respirar. Estamos vivendo em uma corrida de ratos em uma roda constante sempre girando, cada vez mais acelerado. Mas quando a indústria se contrair e nós não precisarmos trabalhar tantas horas, nós teremos tempo para cultivar os nossos interesses e os nossos laços sociais. Esta será a nossa oportunidade de experimentar o crescimento pessoal, a real e verdadeira felicidade.

Em sua coluna do New York Times, "a terra está cheia," 64 Thomas Friedman, autor de O Mundo é Plano: Uma breve história do século XXI, discute o livro de Paul Gilding, A Grande Ruptura: Por que a Crise Climática trará o fim das Compras e o nascimento de um novo mundo. Friedman cita Gilding dizendo: "Se você cortar mais árvores do que você cultiva, você ficará sem árvores." À medida que o impacto da iminente Grande Ruptura nos atingir, Gilding escreve: "A nossa resposta será proporcionalmente dramática, mobilizando como fazemos na guerra. Vamos mudar a uma escala e velocidade que mal podemos imaginar hoje, transformando completamente a nossa economia, as nossas indústrias, incluindo energia e transporte, em apenas poucas décadas. "

Friedman escreve que de acordo com Gilding, vamos perceber que o modelo de crescimento impulsionado pelo consumo está quebrado e temos que avançar para um modelo de crescimento mais orientado para a felicidade, com base em pessoas que trabalham menos e possuindo menos. "Quantas pessoas," Gilding pergunta: "mentiriam em seu leito de morte e diriam, 'Eu gostaria de ter trabalhado mais ou obtido mais valor para o acionista', e como muitos dizem,' Eu gostaria de ter ido para mais jogos, lido mais livros para os meus filhos, caminhado mais? Para fazer isso, você precisa de um modelo de crescimento baseado em dar às pessoas mais tempo para aproveitar a vida, mas com menos coisas. "

Belo conceito de um modelo de crescimento impulsionado pela felicidade de Gilding requer educação que é muito diferente do que temos atualmente dado aos nossos filhos. Esta educação deve se concentrar em valores e não em "coisas", nutrir a conexão entre as pessoas, e considerar um ambiente social saudável, solidário como elemento primordial na felicidade das pessoas.

Tal educação é possível, e existem métodos, mas ainda temos para implementá-los. No próximo capítulo, vamos apresentar algumas maneiras que nós podemos utilizar a fim de construir uma sociedade que apoie quem somos como indivíduos, e onde nós contribuímos para a sociedade e desfrutamos de seus benefícios em troca.

"Reparar o mundo significa reparar educação." 65

Janusz Korczak, educador

Até agora, temos apostado na sociedade dos adultos no ensino geral e de adultos em particular. No entanto, o nosso futuro depende de como educamos nossos filhos, não a nós mesmos. Por esta razão, faz sentido introduzir alguns dos fundamentos da educação das crianças no novo mundo.

Aprender a unir-se na Escola

Não só a mídia precisa mudar. Se as escolas ensinassem "Aulas de Conectividade," se você pudesse se formar em "interconexão prática" na universidade, ou ser um coach em "networking pró-social" para indivíduos e equipes de funcionários da empresa, uma nova atmosfera social, um novo burburinho de conexão surgiria. Dentro de alguns meses, as pessoas passariam a sentir que há uma verdadeira alternativa que oferece maior valor por um custo mais baixo.

Tudo iria mudar. Em vez de dar ordens aos outros ao seu redor, o compartilhamento de ideias seria a maneira de se conectar com colegas de trabalho e colegas na escola. Testes pessoais nas escolas e universidades se tornariam obsoletos, porque as competências das pessoas não seriam medidas pelo grau de memorização das respostas. Em vez disso, os testes refletiriam a medida de conexão das pessoas ou o nível de desenvolvimento dos canais de informação. Em tal estado, um teste pessoal seria irrelevante; um trabalho de grupo seria um meio muito mais adequados de avaliação.

O site na internet, IPBIZ, 66 citou um empregador que articulou os problemas com a abordagem individualista de forma tão clara e boa que ele pode nos ensinar muito sobre a comunicação com outras pessoas. "Em nenhuma indústria a colaboração é considerada trapaça. Apenas na ESCOLA isso é um problema. O que estamos ensinando aos nossos filhos? Eu sou um empregador. Eu quero meus empregados ... construindo de redes de pessoas que possam ajudá-los. Eu luto com isso todo "que é atitude de enganar...". É algo que eu preciso DESENSINAR meus funcionários. Não importa para mim se você sabe como fazer alguma coisa, é importante para mim que você possa descobrir como fazê-lo. A maioria das empresas ... precisam de funcionários que saibam como encontrar e aplicar as informações, não aqueles que tem um repositório de fatos em suas cabeças. "

Após a sua reclamação sobre a abordagem defeituosa do sistema escolar, o escritor descreve a abordagem desejável: "O argumento de que a escola, a memorização, e o solitário trabalho ensinam como se pensar é absolutamente errado. Se realmente queremos ensinar as pessoas a pensar, devemos ter uma aula chamada como pensar, não História Grega Antiga. Você não ensina habilidades de pensamento, forçando 30 pessoas a memorizarem os mesmos nomes, datas e eventos. Você faz isso através do ensino de princípios, e para ensinar diretamente as habilidades que o sistema educativo afirma querer criar. Precisamos mais "Como Pensar, " Como Colaborar, " Como Negociar, " Como Resolver Conflitos 'e menos' Memorizar um monte de coisas para um teste. '"

Se mudarmos como aprendemos, nossa vida social também será transformada para melhor. Quando a conectividade é a chave para o nosso sucesso e felicidade, o que cultivamos são as nossas conexões. As conexões são feitas não só no trabalho, mas em grande parte durante o nosso horário "de folga", também. Como resultado, participando de passeios, socializando, jogando, e falando se tornariam muito mais populares porque eles não têm um mero valor recreativo, mas gostaríamos de considerá-los como uma contribuição para a nossa vida como um todo.

Quando as crianças crescem e aplicam essa mentalidade no trabalho, a atmosfera será muito mais sociável, como a socialização será uma ferramenta para o avanço pessoal e profissional. Além disso, a valorização da nossa interdependência e a importância das conexões sociais positivos diminuirá a frequência do comportamento desleal ou injusto no trabalho. Como Christakis observou na palestra que mencionamos anteriormente, "Se eu fosse sempre violento com você ... ou lhe fez triste ... você iria cortar os laços comigo e a rede se desintegraria." Isso seria contraproducente para o nosso avanço pessoal e profissional.

O conceito básico é simples: Estamos todos conectados, e, portanto, dependentes uns dos outros. Isto significa que, se quisermos ter sucesso ao lidar com nossos problemas, devemos resolvê-los no espírito da garantia mútua, onde todos são responsáveis pelo bem-estar uns dos outros.

Se, por exemplo, uma empresa decide que precisa melhorar o seu desempenho nos negócios e torná-la adequada para o mundo globalizado, a empresa pediria para um coach (treinador) de garantia mútua treinar seus empregadores e empregados para trabalhar e pensar "como uma empresa" em um mundo interconectado. Os resultados seriam melhoras nas relações interpessoais, melhor fluxo de informação por toda a empresa, maior grau de confiança em todos os níveis, e um exame mais aprofundado de cada fase do projeto e produção de produtos, geraria melhores produtos e melhoraria as relações com os clientes.

A Escola do Novo Mundo

O objetivo da escola no novo mundo não será apenas para colocar informações na mente das crianças para que elas passem seus testes. Em vez disso, a escola deve nutrir as crianças e educá-las para serem seres humanos, ou melhor ainda, humanas. As crianças devem ser educadas sobre o tipo de mundo em que viverão quando crescerem. Devem ser dadas as ferramentas para serem pessoas conectadas e comunicativas que aspiramos serem quando adultas, capazes de construir relações genuínas e duradouras de garantia mútua.

Para fazer isso, vamos precisar criar um ambiente pró-social na escola e, muito importante, um ambiente pró-escola em casa. Em vez de ensinarmos a ser o melhor aluno de sua sala, as crianças precisam ser ensinadas a construir uma sociedade em que todos estejam conectados uns aos outros, onde o clima é de amizade e igualdade.

Para começar, eles podem se sentar em círculos ao invés de fileiras que separam as carteiras.

Podemos ensinar através de uma variedade de jogos que constroem as habilidades de comunicação e conexão social, e revelar o poder e o sentimento de pertencer que esta forma de estudo cria.

O conceito de aprendizagem social, ao invés da aprendizagem individual, não é uma noção teórica. Ele foi testado várias vezes com sucesso repetido. Na verdade, tanto a investigação tem demonstrado os benefícios da aprendizagem social em comparação com a aprendizagem individual, que o faz pensar em como não notamos suas vantagens óbvias antes.

Em um ensaio chamado ", uma História de sucesso da Psicologia Educacional: A Teoria da Interdependência Social e Aprendizado Cooperativo", Universidade de Minnesota, os professores, David W. Johnson e Roger T. Johnson apresentam um convincente caso para a teoria da "interdependência social". As conclusões a que tiraram foram baseadas em "mais de 1.200 estudos de investigação realizados nas últimas 11 décadas nos esforços cooperativo, competitivo e individualista".67

Johnson e Johnson comparou a eficácia da aprendizagem cooperativa e da abordagem individualista competitiva. Os resultados foram inequívocos. Concluíram que em termos de responsabilidade individual e responsabilidade pessoal "A interdependência positiva que une os membros do grupo resulta em sentimentos de responsabilidade para (a) completar a sua parte do trabalho e (b) facilitar o trabalho dos outros membros do grupo.

Além disso, quando o desempenho de uma pessoa afeta o resultado de colaboradores, a pessoa se sente responsável pelo bem-estar dos colaboradores, bem como pelo seu próprio.

Falhar consigo mesmo é ruim, mas não outros, mas com os outros, bem como a si mesmo é pior. "68

Em outras palavras, a interdependência positiva transforma pessoas individualistas em pessoas que cuidam e colaboram, completamente oposto da cultura atual, onde o excesso de individualismo atinge o nível de narcisismo.

Para demonstrar os benefícios da colaboração, os pesquisadores mediram as realizações de estudantes que colaboraram em comparação com aqueles que competiram. "A média da pessoa que colaborou foi encontrada para alcançar a cerca de dois terços do um desvio padrão acima da média do que a pessoa que trabalhou dentro de uma situação competitiva ou individualista. "69

Para entender o significado de tal melhora, considere que se uma criança é um aluno de média D, ao cooperar, suas notas vão saltar para uma surpreendente média A+. Além disso, eles escreveram, "A cooperação, quando em comparação com os esforços competitivos e individualistas, tende a promover uma maior retenção a longo prazo, superior motivação e expectativas de sucesso intrínseco, mais pensamento criativo ... e atitudes mais positivas em relação à a tarefa e escola. "70

Na aprendizagem colaborativa, o papel do professor não é ditar o material, mas, acima de tudo, guiar as crianças.

Eles devem perceber seu professor como uma pessoa que tem conhecimento, mas também como um amigo adulto. Professores e alunos devem sentar-se juntos em um círculo, em alturas iguais, e discutir como iguais.

Aqui, superioridade e controle dão lugar a sutil orientação para ajudar as crianças a descobrir por si mesmos através de deliberação ou através de seus esforços de grupo.

As crianças aprendem a se comunicar, compartilhar pontos de vista e argumentar, ao mesmo tempo que respeitam uns aos outros em seus méritos e singularidade. Isto permite que cada uma delas expresse seus pensamentos livremente e revele que cada aluno tem qualidades especiais. Desta forma, as crianças vão ampliar sua visão de mundo e absorver novas ideias e perspectivas.

Ao repetir esta modalidade de aprendizagem, as crianças aprendem a apreciar a conexão entre elas como a coisa mais importante, já que isto lhes concede todo o conhecimento e poder que possuem. Elas começam a desfrutar de sucesso somente com os outros, e o valor de cada pessoa não é medido pela excelência individual, mas pela contribuição de suas qualidades e os esforços para o sucesso do grupo.

Os grupos de estudo serão pequenos, e cada grupo será unidos por uma ou duas crianças que são de dois a três anos mais velhos do que eles. Por causa da inclinação natural de uma criança tomar exemplos de crianças mais velhas, essas crianças instrutoras podem ser potencialmente os melhores professores, como alunos irão, naturalmente, tentar imitá-los e aprender com eles.

As crianças instrutoras também terão muito a ganhar com a mais profunda compreensão do material, uma compreensão mais profunda deles mesmos, e uma oportunidade de contribuir para a sociedade e ganhar sua aprovação.

Uma Nova Abordagem para a Disciplina

Disciplinar as crianças será feito de forma muito diferente do que as escolas fazem hoje. Quando há um caso de má conduta, as próprias crianças, juntamente com os adultos e profissionais, irão decidir como lidar com a situação.

Devemos ensinar às crianças o pensamento crítico construtivo, e analisando momentos de pequenas crises são grandes oportunidades para o ensino de tal pensamento. Se uma criança se comporta mal, a classe vai sentar-se e discutir como lidar com isso, todos juntos, e como evitar que casos assim se reproduzam.

A discussão não será teórica, mas muito prática: as crianças (não os envolvidos no incidente) irão simular a situação e informar a classe como eles sentiram, o que os levou a se comportar como fizeram, e qualquer outras informações relevantes para o evento. Em seguida, eles vão realizar uma discussão em grupo, de modo que, uma vez obtida uma decisão, todas as crianças vão realmente ter "experimentado" estar "na pele" de todas as partes. Dessa forma, poderão desenhar conclusões muito mais justas, com compaixão e entendimento.

Tais discussões ensinam as crianças a considerar questões por ângulos diferentes, e saber que está tudo bem e até mesmo natural ter muitos pontos de vista sobre o mesmo assunto. Além disso, através da simulação e análise de ideias repetidas a partir de diferentes pontos de vista, as crianças vão aprender a esperar mudar suas mentes, se arrepender, reconhecer os erros, e desenvolver a confiança para justificar pontos de vista de seus amigos ao invés de sus próprios.

Explorações Frequentes

Embora seja prática comum nas escolas explorarem questões e locais além do currículo oficial é importante fazer essas excursões parte da rotina. Pelo menos uma vez por semana, as crianças devem sair em excursões e passeios para ajudá-los a conhecer o mundo em que vivem "de perto".

Os passeios recomendados devem incluir lugares que as crianças não iriam normalmente, onde não conseguem ver ou aprender sobre eles, tais como bancos, delegacia de polícia, museus de todos os tipos, fábricas e tribunais.

Naturalmente, antes de cada passeio deve haver uma discussão sobre o lugar que eles vão visitar, o que eles podem esperar do local, ou o que já sabem sobre lá, seu papel em nossas vidas, e se é bem executado.

As crianças vão discutir se o lugar que eles estão prestes a visitar beneficia a sociedade, que tipo de pessoas trabalha lá, e que tipo de formação e escolaridade são necessárias, a fim de trabalhar lá. Após o passeio, as crianças irão partilhar a suas impressões e lições do passeio, e desta forma enriquecer uns aos outros com suas ideias.

Através destas explorações, as crianças terão a chance de conhecer o mundo de uma maneira muito mais pessoal do que apenas por vê-lo na TV, onde a perspectiva que o diretor quer mostrar influencia as informações e também a interpretação de quem recebe.

Às vezes, como no caso dos museus, as crianças não saberiam absolutamente nada se não fosse através da escola.

Além de aprender sobre o lugar que visitam, conhecer os elementos que afetam suas vidas, elas virão a sentir em primeira mão a malha que liga a sociedade humana.

Elas vão aprender que o mundo está integrado e conectado através de experiências do tipo "colocar a mão na massa", simplesmente vendo diferentes lugares, seus papéis em nossas vidas, e suas conexões com outros lugares que nos influenciam. Esta informação é vital para a confiança da criança e preparação para a vida além da escola.

Outra ajuda importante para a aprendizagem é a câmera de vídeo. É recomendável que todos as aulas sejam documentadas em vídeo.

Na verdade, não as "lições", mas sim discussões e trabalho em equipe. As crianças se habituam rapidamente à presença da câmera e irão se comportar naturalmente, e isso vai permitir que elas vejam a si mesmas em eventos que requerem atenção especial. Olhando para um vídeo de uma situação, elas serão capazes de analisar mais claramente como trabalharam em grupo, como lidam com interferências, e como se relacionam entre si. Isso lhes dará uma boa medida dos seus progressos na construção de suas relações, e também mostrará onde eles precisam melhorar.71

"Nós não somos de nenhuma maneira estranhos, e estamos ligados por um destino comum.

E nestes tempos turbulentos devemos nos unir cada vez mais juntos. "

Christine Lagarde,

Diretora Administrativa do Fundo Monetário Internacional .72

As mudanças que descrevemos nas sociedades dos adultos e crianças irão criar uma nova atmosfera em nossa sociedade. Essas mudanças vão afetar cada parte da nossa vida: trabalho, família, amigos, escola, o sistema judicial, a mídia, as relações interpessoais, relações internacionais, as relações comerciais e assim por diante.

Curiosamente, não precisamos de toda a sociedade para definir esta transformação em movimento, mas um número relativamente pequeno de pessoas. Cientistas do Instituto Rensselaer Polytechnic (RPI) descobriu que, mesmo quando apenas dez por cento da população compartilha uma convicção ou crença, o resto da sociedade adota. Os modelos matemáticos que mostram há um salto repentino na aceitação: abaixo de dez por cento, o efeito é quase imperceptível. Mas uma vez que a marca de dez por cento é atingida, a visão se espalha como fogo.73

Considerando que a internet em geral e as redes sociais, em particular, permitem a rápida propagação de ideias, é o suficiente para que nós comecemos a falar sobre a necessidade de nos conectarmos acima de todas as diferenças, a fim de assegurar o nosso futuro, e introduzir a ideia ao maior número de pessoas. Os cientistas da RPI citaram a Tunísia e o Egito como exemplos para tal processo, dizendo: "Nesses países, ditadores que estavam no poder por décadas foram subitamente derrubados em apenas algumas semanas. "

Quando você pensa sobre isso, há provavelmente muito mais do que dez por cento da população que quer ter um, mundo mais seguro e amigável, então as chances de fazer dez por cento da população inflexível sobre isso, instigando assim a mudança, são muito mais elevados do que pode parecer à primeira vista.

A garantia mútua é como uma esfera que cresce através da ligação de opostos. É verdade, somos diferentes em todos os sentidos em nossos pensamentos, hábitos, caráter e corpos. Ao mesmo tempo, entendemos que a realidade exige que nos unamos e trabalhemos em conjunto. Uma sociedade que projeta a mensagem de que a garantia mútua é a lei fundamental da vida nos fará não só compreender este conceito intelectualmente, mas vai nos forçar a implementá-lo em nossas vidas diárias. Assim como a boa publicidade cria um burburinho em torno de um novo produto ou serviço para nos obrigar a comprá-lo, criando um burburinho em torno do conceito de garantia mútua vai nos fazer sentir que nós temos que ter isso, temos que sentir como seria viver desta forma.

A construção sistemática e consistente de uma sociedade com pensamento global fará com que cada um de nós desenvolva uma percepção inclusiva do mundo. Em vez de "eu" e "eles", começaremos a ver a realidade como "nós". Nós vamos mudar de querendo gratificação pessoal para querer gratificação para o público em geral. Nosso ponto de vista irá expandir a partir do pessoal para o coletivo, e novos discernimentos vão surgir dentro de nós.

"Multiplicidade é apenas aparente. Na verdade, há apenas uma mente".

Erwin Schrödinger, físico, um dos fundadores da mecânica quântica 74

Capítulo 5

Justiça Social

"O Ocidente está sendo desafiado para fomentar o crescimento, mas crescimento inclusivo, que, mais criticamente, envolve uma maior justiça social".

Mohamed A. El-Erian, CEO da PIMCO, e autor de

Quando Os Mercados Colidem75

A agitação social mundial de 2011 apresentou um sério desafio. Por um lado, a exigência para ter um padrão de vida decente para todos é compreensível e justa. Por outro lado, os governos somente podem esticar seus orçamentos, se quiserem manter economias funcionais. Em dias em que praticamente todo mundo está experimentando uma crise econômica prolongada, quando alguns países correm o risco de insolvência iminente, é irresponsável aumentar os orçamentos, que já estão em déficit de profundidade. No entanto, as pessoas estão exigindo justiça social, e com razão. Então, o que os governos devem fazer? Como devem avançar, beneficiando tanto os cidadãos e o país? Em primeiro lugar, é importante ter em mente que "Os problemas significativos que enfrentamos não podem ser resolvidos no mesmo nível de pensamento que foi usado quando os criamos", para citar Einstein.76

Em seguida, Boaz Schwartz, CEO do Deutsche Bank em Israel, disse em um painel especial convocado pelo jornal financeiro israelense, *Globes*, "não devemos subestimar as intensas emoções sociais que estamos vendo. Essas emoções terão grandes repercussões nos próximos anos. Devemos nos preparar para um mundo de conceitos sociais, de igual partilha das receitas, e diferente fixação de preços .... Os países que deixarem de se ajustar em conformidade vão se ver em uma situação difícil; as economias deles sofrerão. "77

Devemos também ter em mente que a economia reflete a natureza das nossas relações uns com os outros, o que é, então, "traduzida" em relações monetárias. A divisão de recursos na sociedade e na ideologia socioeconômica em sua fundação derivam dos valores da sociedade e de as relações entre os seus membros. É por isso que economia não é uma lei da natureza ou uma ciência exata como a física ou química.

Joseph Stiglitz, vencedor do Prêmio Nobel de economia, disse em uma palestra no 2011 na entrega do prêmio Lindau Nobel Laureate Reunião em Ciências Econômicas: "O teste de qualquer ciência é a predição. E se você não pode prever algo como importante como uma crise financeira global ou a magnitude da que estamos passando, obviamente, algo está errado com o seu modelo. "78

Da mesma forma, Stanley Fischer, vice-presidente do Sistema Federal de Reserva dos EUA e o ex-governador do Banco de Israel, e ex-primeiro-vice-diretor do Fundo Monetário Internacional Fundo (FMI), disse em uma entrevista em vídeo com, Steve Liesman repórter da CNBC, "Estamos em um território muito difícil. Este não é o lugar onde os livros didáticos de cinco anos houvesse previsto que estaríamos... você está operando sob condições extremas e os livros didáticos não tem completa certeza do que fazer nesses casos. "79

Quando nos movemos para o desenvolvimento social, comunicacional, e mudanças educacionais descritos no capítulo anterior, que serão capazes de construir um novo conceito, incluindo a economia, aquelas que se baseiam na preocupação social e estão em sincronia com as leis do novo mundo.

A tomada de decisão processos e sua execução, a estrutura do sistema socioeconômico, as conexões entre os tomadores de decisão e aqueles que realizam essas decisões serão feitos com um senso de garantia mútua.

Em outras palavras, a ordem correta de operações para garantir o nosso bem-estar sustentável começa com uma explicação da necessidade de garantia mútua, para a educação para a vida no novo mundo. Os sistemas sociais e econômicos serão redefinidos e reconstruídos com base nessa necessidade.

Nesse meio tempo, até que essas definições sejam fornecidas e a reconstrução executada, devemos conduzir a rodada de discussões do tipo mesa redonda, onde todos os participantes tem o mesmo status, e, juntos, chegarem a um acordo sobre o tipo de assistência àqueles que são menos abastados para exigir o sustento básico.

Vamos elaborar sobre como alcançar esse acordo em um momento, mas primeiro é importante notar que tal divisão de recursos não será suficiente por si só para garantir nosso bem-estar. A preocupação com o bem-estar dos outros diz que dotar todas as pessoas com uma capacidade mínima para ter uma vida respeitável. Esses recursos, juntamente com treinamento em finanças pessoais (economia doméstica), permitirão que prossigamos com o processo de cicatrização da sociedade.

Aprender A Concordar

Para alcançar o acordo e justiça social, representantes de todas as partes da sociedade devem reunir-se em discussões de Mesa Redonda. Estes representantes irão carregar um fardo pesado, a responsabilidade operacional como "cabeças" da família do ser humano. Sem a sensação de que toda a humanidade é uma única família, os representantes na mesa não conseguirão tomar decisões justas.

Outra condição necessária para o sucesso das discussões é a transparência. Todas as deliberações devem ser transmitidas ao vivo. Brigas, disputas, e difíceis tomadas de decisão e os processos devem ser exibidos quando acontecem.

Tudo deve se desenrolar diante dos olhos de todo o mundo. Em certo sentido, será um novo tipo de reality show, cujas consequências afetarão todos e cada um de nós, cada membro da família humana. E, assim como um show, os telespectadores terão direito de se pronunciarem nas decisões finais.

Neste reality show real, os espectadores, ou seja, todos nós, também estaremos sentados à mesa, no sentido de teremos que fazer escolhas, explicá-las e deliberá-las. As pessoas terão que decidir sobre as prioridades. Este será um prolongado processo que exigirá a participação de todos e envolvimento porque todos nós somos parte deste interconectado quebra-cabeças chamado humanidade.

Claramente, não será um exercício simples, mas porque estamos reconstruindo nossa sociedade do zero, não haverá nenhum outro caminho. Só quando incluirmos toda a família humana nas decisões seremos capazes de nos consideramos uma verdadeira família.

Estudos têm mostrado que, quando as pessoas estão envolvidas no processo de tomada de decisão, o seu envolvimento invoca uma atitude positiva e solidária para com esse processo, qualquer que seja a decisão tomada. Em outras palavras, mesmo quando os benefícios das decisões finais, são de outros setores da sociedade que não os seus próprios, as pessoas que estavam envolvidas na tomada de decisão são mais propensas a apoiar a decisão final, mesmo que inicialmente não aprovavam.80

Desta forma, no sentido de que os cidadãos estão sendo ignorados pelos tomadores de decisão, que estão sujeitos à pressão de lobistas, vai se transformar em um sentimento de solidariedade social e de confiança.

Na verdade, a Mesa Redonda deve ser o nosso modo de ação em todas as nossas decisões. Deve tornar-se parte da gestão do paradigma da sociedade e do Estado. A vida muitas vezes nos apresenta a necessidade de ter discussões, resolver problemas, avaliá-los, classificá-los e priorizá-los. A Mesa-Redonda é um meio perfeito para ensinar-nos como realmente trabalhar e nos sentir como uma única família.

No entanto, e isto é importante, visto que todos os níveis de cidade, estado ou mundo agindo como uma única família, não significa que devamos desistir de nossos pontos de vista individuais.

Pelo contrário, todos os pontos de vista e abordagens têm mérito.

O reconhecimento de que somos todos uma família dita que nós compreendamos que os outros, com diferentes pontos de vista, também têm um lugar na família. Mas ainda mais importante, devemos aprender a considerar diferentes pontos de vista como uma fonte de enriquecimento.

Tais pontos de vista proporcionam novas perspectivas, novas abordagens para resolução de problemas e novas informações que não podíamos ter conhecido se não fosse por pontos de vista que são diferentes dos nossos.

Aumentar o valor do benefício público vai ajudar a cada um de nós a abandonar nossos próprios pontos de vista, quando necessário. Uma vez que nós apresentamos nossos pontos de vista e, em seguida reconhecemos que a visão de outro serve ao interesse público melhor do que a nossa, vamos adotar e apoiar esse outro ponto de vista, assim como em uma família, o interesse coletivo substitui todo o resto.

Na verdade, por que não pode o mundo ser como uma família? Não é isso o real significado da justiça social? Existe alguma outra maneira de alcançar e sustentar isso?

O início desta nova visão de mundo provavelmente não será um mar de rosas, e podemos esperar diferenças e obstáculos.

No entanto, podemos ver através do processo a fim de alcançar o verdadeiro consenso, vamos aprender que uma discussão aberta nos permite trabalhar as nossas diferenças e alcançar um amplo acordo.

Com efeito, a Mesa-Redonda não é meramente uma noção de discussão aberta entre os pares iguais. É também um processo educacional em nível nacional e internacional sem precedentes. Ela nos ensina que quando perseguimos um objetivo comum, tal como aprender a unir-nos acima do nosso egocentrismo, as diferenças entre nós nos ajudam a alcançá-lo mais rapidamente.

Além disso, cada vez que superar um obstáculo ou disputa, o vínculo entre nós estreita e faz a nova estrutura da sociedade mais sólida. Isso nos dará confiança de que podemos enfrentar qualquer problema e lidar com ele de forma construtiva, sem temer que a sociedade não será capaz de lidar com ela. Se nós quisermos alcançar uma sociedade onde todos se sintam confortáveis e bem-vindos, esta confiança é necessária.

Os Benefícios
Da Garantia Mútua

"Eu defino o sucesso de forma diferente agora do que a cinco ou dez anos atrás. Hoje, o êxito torna-se uma função sobre o que nós podemos fazer com o resto do mundo, para ajudar os outros ".

Bill Gross, investidor vínculo famoso e uma das pessoas mais ricas no planeta. 81

Como explicado acima, o novo mundo exige que adotemos a abordagem de garantia mútua. À primeira vista, a garantia mútua pode parecer uma noção ingênua, impraticável na vida real. No entanto, a implementação da abordagem da garantia mútua tem implicações muito reais na sociedade e na economia. A seguir, vamos observar três das mais óbvias implicações: um clima social positivo, aumento de excedentes, e custos de vida reduzido.

1. Um clima social positivo: O engajamento em valores sociais positivos criará uma atmosfera positiva, que é obrigatória para qualquer crescimento. Uma nova energia vai encher o ar, e as pessoas vão estar esperançosas sobre o futuro. Em uma sociedade que encoraja a solidariedade e consideração mútua, um sentimento de confiança genuína se formará gradualmente entre nós. Esta sensação não depende de riqueza pessoal, mas em saber que os outros se preocupam conosco e colocam seu foco na sociedade. Apenas com esse suporte do ambiente vamos nos sentir confiantes de que não estamos sendo usados, ou que os outros não "vão nos pegar"

2. O aumento dos excedentes: a garantia mútua aumenta os excedentes. Pense em quantas "coisas" temos em casa que não precisamos. Quando as pessoas, empresas, conselhos das cidades, e dos governos se sentirem como parte de um coletivo, a "família", enormes excedentes virão à tona em alimentos, bens e serviços. Estes podem ser transferidos para outros usarem, e recursos monetários excedentes serão utilizados para cobrir uma parte das demandas. Isto irá aliviar significativamente a necessidade de aumentar os orçamentos ou impostos.

3. Redução do custo de vida: Hoje, o preço de produtos e serviços são determinados pelas empresas que aspiram maximizar seus lucros. Elevando a importância da garantia mútua no discurso público irá conduzir essas empresas a terem mais consideração pelo interesse público, que por sua vez levará a preços mais baixos para todos.

4. Se o público que valoriza aqueles que fazem mais dinheiro apreciar aqueles que mais contribuem para a sociedade, a direção natural para aprovação vai conduzir as empresas para comportamentos mais pró-sociais.

Em sua história: "Por que fazer o bem é bom para o negócio", 82

Richard McGill Murphy, colaborador para a CNN Dinheiro, mencionou o caso da gigante farmacêutica Pfizer que doou drogas. Esta história demonstra o efeito positivo que a aprovação pública ou admoestação pode ter em um negócio. "À medida que o desemprego se arrastou para 10% em 2009", escreveu McGill Murphy, "a gigante farmacêutica Pfizer decidiu fazer uma boa ação. Para os clientes que tinham perdido seus postos de trabalho em 2009 e careciam de cobertura médica, a Pfizer iria fornecer 70 de seus medicamentos da marca ... gratuitamente por até um ano. Para uma empresa cuja reputação sofreu algumas manchas, incluindo $ 2,3 bilhões em multas por drogas que comercializadas indevidamente aos médicos, o programa livre de prescrição valeu o custo. "Fizemos isso porque nós pensamos que era a coisa certa a fazer ", diz o CEO da Pfizer Jeffrey Kindler.

"Mas foi inspirador para os nossos funcionários e houve uma grande resposta dos clientes. A longo prazo, vai ajudar o nosso negócio".

Tudo o que foi dito acima mostra que a garantia mútua não é uma noção abstrata, mas um conceito prático que produz renda substancial para todos. Cria valor econômico e social, e detém a chave para os nossos problemas sobre os níveis sociais, econômicos e políticos.

Quando há desigualdade, há uma demanda por justiça social. Nossos egos nunca nos permitirão sentir inferiores aos outros, desrespeitados, degradados, ou sem valor. Essa angústia não pode ser resolvida somente pelo dinheiro; isto requer uma abordagem mais inclusiva. Se não podemos construir uma sociedade onde todos são igualmente importantes, onde todos realmente ouvem uns aos outros e cuidam uns dos outros, onde todos têm verdadeiramente igualdade de oportunidades para uma vida digna, a amargura explode, como demonstra o caos sangrento ainda em desenvolvimento, em muitos países.

O nosso futuro está em jogo, e a solução está na mudança dos nossos valores sociais e a cura das nossas relações interpessoais, tanto a nível pessoal quanto entre os cidadãos e o estado. A abordagem de garantia mútua nos conduzirá a verdadeira justiça social, e, portanto, detém a chave para a nossa sustentabilidade e prosperidade. A garantia mútua não vai apenas nos trazer segurança econômica e financeira, mas vai também restaurar a nossa confiança na vida e nos trazer a paz de espírito e felicidade que têm estado ausentes em nosso mundo por tantas décadas.

Parte Dois

Avançando em Círculos

Introdução à parte Dois

> "Sua vida e minha vida fluem de uma para a outra como uma onda flui
> em ondas, e se não houver paz, alegria e liberdade para você, não pode
> haver verdadeira paz, alegria ou liberdade para mim".
>
> Autor americano, Frederick Buechner

Na primeira parte, nós conversamos muito sobre a natureza humana. Nós dissemos que estamos propensos ao egocentrismo, e nossa quantidade excessiva de egoísmo está tirando todos os aspectos da sociedade do equilíbrio e gerando confusão e conflitos que estamos vendo em todo o mundo. Nós também discutimos como todas as outras partes da natureza equilibra o egocentrismo com as necessidades do ambiente, e que porque não o estamos equilibrando, somos o principal autor dos problemas em nosso mundo.

No capítulo um, disse que o corpo humano funciona em sincronia perfeita de todas as suas células e órgãos. Cada parte em nosso corpo contribui para o bem-estar do corpo, enquanto o corpo tende às necessidades de cada célula e órgão dentro dele. Também mostramos que quando as células começam a trabalhar para si, e não para o corpo, o corpo desenvolve um estado terminal conhecido como "câncer." Por fim, disse que hoje, a humanidade está exibindo um comportamento como o câncer, não pensando em ninguém, mas apenas em nós mesmos, causando danos maciços ao nosso planeta, aos nossos companheiros humanos, e eventualmente, a nós mesmos.

Na introdução ao livro, falamos sobre um método que pode nos ajudar a desenvolver a consciência da nossa dependência dos outros, e nos ensinar como desenvolver nossas habilidades pessoais e usá-las para o benefício da sociedade. Chamamos isso de "Educação integral"(EI). Basicamente a EI nos ajuda a trabalhar mais como um grupo e menos como indivíduos, vislumbrando assim os benefícios que a unidade traz para todos nós.

A EI pode ser aplicada tanto nas escolas como para os adultos em várias configurações sociais. O falecido Dr. Anatoly Ulianov e eu abrangemos a implementação do EI na escola no livro, A Psicologia da Sociedade Integral. Neste livro, eu gostaria de focar as configurações mais casuais e informais que nós adultos encontramos diariamente.

A EI para adultos usa três ferramentas simples para alcançar a unidade: jogos, Círculos de conexão (CC), e mesas redondas (MR).

Essencialmente, ambos CC e MR são formas especiais de workshop, e os jogos são uma fase introdutória que ajudam a preparar a mente para o workshop.

Nesta parte, gostaríamos de compartilhar com vocês algumas das maneiras divertidas de usar essas ferramentas para que você possa apreciá-las também. Faremos o nosso melhor para torná-las claras e fáceis de usar assim que qualquer pessoa que leia este livro vai ser capaz de experimentar a EI com os amigos, a família, no parque, ou em qualquer lugar onde as pessoas se reúnem.

Aqui estão os princípios básicos por trás dos três elementos que usamos: jogos são diversão. Sempre que você quer que as pessoas se relacionem a uma ideia que você está apresentando, você precisa torná-la atraente. Quando as pessoas ouvem (ou leem) a palavra "jogo" elas têm uma expectativa de imediato para desfrutar. Em outras palavras, simplesmente mencionar a palavra "jogo" ou "jogar" invoca o pensamento: "Aqui está algo interessante que posso desfrutar. "Então, eles imediatamente pensam:" Eu quero tentar isso. "

Neste livro, oferecemos uma variedade de jogos que muitas vezes utilizamos com as pessoas em nossas sessões. Você pode usá-los se você quiser, mas você também pode usar qualquer outro jogo que promova o espírito de união e colaboração, sem invocar a competição. A medida que explicamos os conceitos no livro, você vai ver como você pode até mesmo inventar seus próprios jogos e adequá-los às necessidades específicas e ao ambiente.

No EI, usamos os jogos principalmente como quebra-gelos, e para reforçar a nossa unidade e vínculo. Normalmente, jogos de construção de grupos são perfeitos para isso.

Círculos de conexão (CC)

Um Círculo de conexão (CC) é uma ferramenta simples e eficaz para criar o calor e uma sensação de harmonia entre as pessoas. Isto funciona igualmente bem com completos estranhos e com pessoas que se conhecem há anos.

As discussões do CC seguem algumas regras simples de discussão que ajudam a criar uma atmosfera positiva. Essas regras ajudam os participantes descobrir ângulos novos e positivos amigos de longa data e cônjuges. Eles até mesmo ajudam a tornar completos estranhos bons amigos, por vezes, em menos de uma hora.

Outra vantagem das discussões do CC é que não são invasivas e não exigem que os participantes abram tópicos que eles preferem manter para si mesmos. Os círculos não são terapia de grupo; são um meio para encontrar os pontos comuns que todos nós compartilhamos como seres humanos, para descobrir os benefícios da diversidade e, em geral, para tornar as pessoas amigas.

Mesas Redondas (MR)

O formato de mesa redonda (MR) é um mais especializado forma de círculos de conexão destinados principalmente como um meio para resolver conflitos. Ao contrário de outras formas de reconciliação ou métodos de mitigação, a MR não tentar encontrar um compromisso com o qual todos possam viver. Em vez disso, ajuda a aproximar as pessoas e dissolver a animosidade que pessoas em conflitos muitas vezes abrigam em relação ao outro. Uma vez que isto é alcançado, o problema que causou o litígio, muitas vezes desaparece junto com o conflito.

O número e a diversidade dos conflitos que têm sido resolvidos com esta abordagem única é verdadeiramente espantoso, e varia de confronto de grupos étnicos, a residentes contestando a política de conselho da cidade, e também conflitos pessoais. As MRs foram implementadas com sucesso em Nova York, Moscou, Telavive, Toronto, e muitos outros lugares ao redor do mundo, indicando que o método funciona em todas as culturas. Acima de tudo, o sucesso das discussões prova que o principal problema com as relações humanas não é que não possamos ver o ponto de vista do outro, mas não podemos ver o coração uns dos outros. Nossa falta de afinidade nos diferencia, e, como resultado, nos tornamos hostis e desatentos para com o outro. Para obter a impressão que as pessoas tiveram do sucesso do formato da discussão MR, por favor, assista aos depoimentos: http://bit.ly/1KokFq4.

A MR é uma ferramenta muito eficaz, mas não é o típico instrumento "faça você mesmo" por causa das sensibilidades envolvidas quando reunimos partes em conflito. Se precisar de ajuda para resolver um conflito e gostaria de experimentar o formato de MR, por favor, nos escreva utilizando os meios de contato fornecidos no final do livro, e nossa equipe de voluntários fará o seu melhor para ajudar.

Agora, sem mais delongas, vamos explorar algumas ideias para jogos e círculos que podemos tentar com amigos, família, ou até mesmo com estranhos, dependendo da configuração social.

"Jogos são a forma mais elevada de investigação."

Albert Einstein

Como dissemos na introdução a esta parte, os jogos são um bom aquecimento para o que mais tarde se torna um workshop, seja na definição de uma conexão Círculo ou uma mesa redonda. Os jogos sugeridos irão ajudá-lo a iniciar qualquer oficina, ou realmente qualquer reunião social.

Os jogos são divertimento, o que os torna uma ótima ferramenta para quebrar o gelo, quando as pessoas se sentem desconfortáveis com os outros, ou quando você quer passar de forma mais suave para uma nova fase no o workshop.

Às vezes, os jogos estão tão divertidos que as pessoas preferem continuar a jogar por um tempo antes de passar para o workshop. Isso está bem, mas seja sensível aos humores das pessoas, porque nem todo mundo se sente confortável com jogos sociais.

Os Instrutores do ARI conduzem os CCs em uma base regular em muitos lugares diferentes, e muitas vezes acontece que um círculo vai se sentir muito bem quando o instrutor sugere um jogo, mas quando o mesmo instrutor sugere o mesmo jogo uma hora mais tarde para um grupo diferente de pessoas, eles simplesmente se levantam e saem.

Se você não tiver certeza, prefira algo mais leve e que não intimide, por exemplo, "Vamos apresentar nossos nomes (grande sorriso). Meu nome é Michael (e um sorriso encorajador para a pessoa sentada ao lado dele para dizer o seu nome)".

Esta introdução lhe dará a chance de sentir se eles estão prontos para alguns jogos ou se você precisa ir em frente com o workshop. Nota: isso aconteceu conosco, houve pessoas que se ressentiram até mesmo ao mencionar seus nomes. Não leve a ferro e a fogo pois nem todo mundo é um candidato para um Círculo de Conexão.

Nós geralmente dividimos jogos em duas categorias: O Quebra Gelo e Construtores de Equipe. Como seus nomes sugerem, quebra-gelos são usados no começo, quando as pessoas não conhecem os outros. Um ou dois jogos serão suficientes para começar um círculo acolhedor e quebrar o gelo. Os construtores de equipe são geralmente utilizados durante o workshop e não no início, e ajudam a solidificar o espírito de equipe que está sendo construído entre os participantes. Os construtores de equipe raramente são utilizados nos círculos de estranhos, mas são excelentes para círculos onde as pessoas se conhecem e participam com regularidade, e quando você quer melhorar e fortalecer os laços sociais entre eles.

Eis alguns exemplos de cada um dos tipos de jogos. Temos utilizado com sucesso muitas vezes por isso sabemos que eles funcionam, mas como nós dissemos, os usamos com sabedoria e moderação se necessário.

Um sorriso honesto é um quebra-gelo

Toba Beta, escritor e economista

Praça do Mercado

O que você precisa:

- Humor para jogar
- Pedaços de papel
- Canetas / lápis

Onde jogar:

- Sala
- Jardim
- Salão pequeno ou sala de aula

Como jogar:

- Cada participante escreve em uma nota algo que ele ou ela gostaria de saber sobre os participantes.
- Os participantes andam pela sala até que um sinal é ouvido, então eles formam um par com a pessoa que está em frente a eles, trocam as notas, e respondem à pergunta escrita na nota.
- Repita isso várias vezes.

O Jogo do Radio

O que você precisa:

- Humor para brincar

Onde jogar:

- Em qualquer lugar, mas adequado para um grande grupo de pessoas, porque em pequenos grupos as pessoas podem se sentir um pouco estranhas ao jogar.

Como Jogar:

- Os participantes escolhem uma música e um "maestro".
- Os participantes começam a cantar em um volume moderado em seguida, o maestro levanta lentamente e abaixa sua mão.
- Quanto mais alta a mão do maestro maior, mais alto os participantes cantar. Quanto mais baixa a mão do maestro, mais suave eles cantam, até que apenas os seus lábios se movam em silêncio.
- Repita várias vezes e passe para outro jogo ou outra fase do workshop. Uma canção é o suficiente para este jogo.

História Pessoal

O que você precisa:

- Humor para jogar

- Cadeiras que você trouxe, ou qualquer coisa onde as pessoas possam se sentar. Mesmo um gramado é muito bom (desde que não dê coceira).

Onde jogar:

- Em qualquer lugar, mas é mais adequado para ambientes menores e mais íntimos. Tente não jogar este jogo com círculos de mais de 10 pessoas porque pode se arrastar por muito tempo.

Como Jogar:

- Cada participante conta uma história sobre algo ele ou ela está vestindo. Por exemplo, uma mulher pode falar sobre um colar que ela está vestindo que sua filha lhe deu de aniversário.

Conte Até Dez

O que você precisa:

- Humor para jogar

- Cadeiras que você trouxe, ou qualquer coisa onde as pessoas possam se sentar. Mesmo um gramado é muito bem (desde que não provoque coceira).

Como jogar:

- Adequado para ambientes menores e mais íntimos, geralmente até 10-12 participantes.

Como Jogar:

- Os participantes em pé ou sentados em um círculo.

- Agora, sem qualquer planejamento daqui em diante, eles devem contar de 1 a 10, com cada pessoa só dizendo um número.

- O primeiro participante diz "Um", o seguinte diz, "Dois", etc.

- Eles não estão autorizados a planejar ou indicar quem vai falar o número seguinte, mas se duas pessoas disserem um número juntas, elas têm que começar a contar do início.

- Se os participantes chegarem ao número 10, nós tentamos novamente com os olhos fechados.

- A ideia é tentar aprender a sentir o outro, ao invés de se comunicar de alguma maneira visual.

- Outra versão: O jogo pode ser jogado com palavras também; o grupo tenta "jogar" palavras alfabeticamente de A à Z. Se duas pessoas falarem ao mesmo tempo, elas começam de novo.

Vento-Chuva-Tempestade

O que você precisa:

- humor para jogar

Onde jogar:

- Em qualquer lugar, mais adequado para um grande grupo de pessoas, porque em pequenos grupos as pessoas podem se sentir um pouco estranhas ao jogar este jogo.

- Como jogar:

- Seguindo os movimentos de um facilitador, os participantes esfregam as palmas das mãos, criando o som de vento.

- Em seguida, eles seguem o facilitador e começam a estalar seus dedos levemente, criando o som de chuva mansa.

- Quando batem palmas soam como granizo, e quando batem os pés que soam como trovão.

- Depois de repita a sequência na ordem inversa

- Primeiro, eles fazem isso com os olhos abertos, em seguida, com olhos fechados, ouvindo um ao outro, e então eles param e ficam em silêncio.

Construtores de Equipe

"Comprometimento individual a um esforço do grupo, é isso que faz um time trabalhar, uma empresa trabalhar, uma sociedade trabalhar, uma civilização trabalhar"

Vincent Thomas "Vince" Lombardi

Espelho

O que você vai precisar:

- Humor para jogar

Onde jogar

- Sala

- Gramado

- Pequeno salão ou sala de aula

- Adequado para grupos de 10 ou mais

Como jogar

- Formar pares frente a frente

- Começar vagarosamente e espelhar os movimentos do parceiro.

- Em seguida, cada dois pares formam um quarteto e repetem o jogo com todos os quatro. Posteriormente, eles formam octetos, e, finalmente, todos participam de um grande círculo.

Emaranhados

O que você vai precisar:

- Humor para jogar

Onde jogar

- Sala

- Gramado

- Pequeno salão ou sala de aula

- Para grupos de no máximo 10

- Como jogar

- Os participantes estão em um círculo e esticam suas mãos para o centro do círculo.

- Cada participante toma a mão esquerda de alguém com sua mão direita, e a mão direita de alguém com a mão esquerda.

- Importante: os participantes não tomarão a mão da pessoa de pé ao lado deles em ambos os lados.

- Agora, eles estão completamente emaranhados e devem desembaraçar suas mãos até que todos estejam em um círculo de mãos dadas, sem nunca largar as mãos dos outros. • Nota: Você pode querer dividir grandes grupos em grupos de 5-6 pessoas para tornar mais fácil para eles, mas isso pode ser feito em grupos maiores, também, apenas demora um pouco mais.

Responsabilidade Mútua

O que você vai precisar:

    Humor para jogar

Onde Jogar:

    Sala

    Gramado

    Salão pequeno ou sala de aula

    Para grupos de até 8

Como jogar

Os participantes estão em um círculo, braços esticados para frente e ombros se tocando (isto é importante).

Um participante entra no meio do círculo, fecha seus olhos e deixa seu braço cair vagarosamente.

Quando todos os participantes estiverem prontos, o participante no centro do círculo, cujos olhos estão fechados, se permite cair para um lado, enquanto os dois pés permanecem fixos ao chão no centro do círculo.

Os outros participantes impedem que o participante no centro caia constantemente, empurrando- o (suavemente) de volta para o centro.

Mantendo o Equilíbrio

O que você vai precisar:

    Humor para jogar

    Copo plástico

    Bolinha de gude

    Pedaço de pano

Onde jogar

    Sala

    Gramado

    Pequeno salão ou sala de aula

Como jogar

Marcar um ponto na sala como: "Início" e outro ponto (não muito longe) como "Chegada"

Coloque uma bola de gude em cima de um copo de plástico de cabeça para baixo, e coloque o copo sobre um pedaço de pano.

Os participantes irão segurar as bordas do pano e tentar levar o copo com a bolinha em sua parte superior do ponto de início para o ponto de chegada sem deixar cair a bolinha de gude do topo do copo.

O Jogo dos Elogios

O que você vai precisar:

Humor para jogar

Onde jogar

- Sala

- Gramado

- Pequeno salão ou sala de aula

Para grupos de até 10-12 pessoas que já conhecem uns aos outros e você quer aproximá-los

Como jogar

Os participantes se sentam ou ficam em um círculo relativamente perto uns dos outros, mas de preferência não com aqueles eles já conhece bem.

O facilitador declara a direção (sentido horário ou anti-horário) dos elogios, e os participantes cumprimentam a pessoa à sua esquerda ou à direita de acordo com as instruções do facilitador

Se o facilitador afirma que os elogios devem ir para a esquerda, os participantes vão cumprimentar as pessoas à direita

- Pontos importantes:

1) Apenas uma pessoa por vez fala, para que todos possam ouvir os elogios.

2) Os participantes não estão autorizados a serem críticos de qualquer maneira. É um jogo de elogios, por isso mesmo se os participantes devem cumprimentar alguém que não gostem, eles devem fazer um esforço, já que é o ponto do jogo.

3) Jogue somente se você tiver certeza que, mesmo se não funcionar, você ainda será capaz de seguir em frente com a sessão. No entanto, quando funciona, funciona como mágica.

O Que Você vai precisar:

Humor para jogar

Canetas / lápis, pedaços retangulares de papel ou notas autoadesivas ou blocos de notas

Onde jogar

- Sala

- Pequeno salão ou sala de aula

- Para grupos de até 10

Como jogar

Os participantes de pé ou sentados em um círculo.

Um dos participantes escreve em uma nota uma frase descrevendo um evento ou uma situação que ele ou ela experimentou, e coloca a nota no centro do círculo. A sentença deve ser algo curto e simples, como: "Duas semanas atrás, houve um longo apagão no meu bairro e como eu não podia fazer nada em casa, então eu passei o dia inteiro na praia. "

Em seguida, outro participante irá escrever em uma nota uma frase descrevendo um evento ou situação que aconteceu com ele, mas que se conecta à frase anterior. Por exemplo, "A praia [conexão com a frase anterior] é o meu lugar passatempo favorito. Eu construiria minha casa na a praia se eu pudesse. "Depois, o participante irá colocar sua nota ao lado da nota anterior.

Os participantes irão continuar conectando as notas com frases que continuem uma à outra até que todos os participantes tenham escrito suas sentenças.

No final, eles lerão todas as notas juntos e ver que história emergiu de suas experiências conectadas.

"Precisamos finalmente formar um círculo que inclua todos nós, onde todos nós sejamos vistos como iguais".

Barbara Deming

A conexão círculo (CC) é a ferramenta mais comumente utilizada na Educação Integral (IE) para adultos. É uma forma simples e eficaz de discussão que cria cordialidade e harmonia entre as pessoas, mesmo se as pessoas acabaram de se conhecer.

O círculo é uma forma única: ele não tem ângulos, e não início ou fim. Você não pode sentar-se à cabeceira de uma mesa circular porque um círculo não tem uma cabeceira; todos os seus pontos são igualmente afastados do centro. Os cavaleiros do rei Arthur da Távola Redonda sabiam disso e realizavam suas discussões precisamente em torno desse quadro, a fim de enfatizar que eles tinham alcançado as suas decisões em conjunto, sem que qualquer cavaleiro impusesse seus pontos de vista sobre os outros.

Por causa de suas qualidades únicas, o círculo simboliza igualdade. Pessoas sentadas em um círculo tendem a se sentir igualmente dignas. Isto permite-lhes contribuírem com o resto das pessoas do círculo e receber delas sem a necessidade de proteger-se das críticas alheias.

Para manter essa atmosfera, muitas pessoas que conduzem as CCs usam uma regra que diminuir alguém é estritamente proibido. Assim que as críticas entram no círculo, a harmonia e aconchego voam para fora da janela.

O fluxo do Círculo

"Pois eles prevalecem por sua vez, em cada rodada do círculo e passam para uma outra, e crescem quando chega a sua vez. "

Empédocles (filósofo grego, traduzido por Arthur Fairbanks)

Os CCs têm um fluxo muito simples:

1. Jogar um jogo (opcional)

2. Realizar um workshop

3. Compartilhar impressões (opcional, mas altamente recomendado)

1. Os jogos que jogamos

Os jogos são muitas vezes uma ótima maneira de fazer as pessoas sorrir e sentir mais próximos uns dos outros. Os jogos também são grandes quebra-gelos se as pessoas do círculo se sentirem desconfortáveis por alguma razão, assim você sempre quer ter um pouco de jogos divertidos e curtos prontos para utilizar a qualquer momento.

No capítulo anterior, apresentamos alguns quebra-gelos e jogos de construção de equipes, mas você não precisa escolher qualquer um deles especificamente. Oferecemos muitos mais no site integral-society.com, e você pode sempre escolher seus próprios jogos ou mesmo inventar alguns.

Na verdade, se você conhece jogos assim, ficaremos gratos se compartilhá-los conosco no integral- society.com. Basta ter em conta que os jogos não devem ser competitivos, mas devem ser curtos, e que de preferência requeiram poucos ou nenhum adereço. Marcadores, notas e canetas são úteis. Mesmo uma bola de praia ou um pedaço de corda funcionam se você os tiver por perto. Mas, em geral, mantenha-o simples.

Se você está tem um CC com pessoas que não se conhecem é geralmente uma boa ideia começar com um ou dois jogos curtos para a introdução. Se você acha que as pessoas estão se sentindo desajeitadas e podem fugir assim que você mencionar a palavra, "Jogo" (isso já aconteceu), vá para algo que crie menos obrigações como uma breve introdução pelo nome e (talvez) cidade natal.

Outra ideia que temos encontrado para trabalhar bem é uma combinação do quebra-gelo e jogo introdutório. Os participantes declaram seus nomes e algo que realmente gostam (atividade, esporte, comida, cor, etc.), como "Meu nome é Michael e meu esporte favorito é a natação. "

As CCs seguem certas regras de discussão. Se você conseguir introduzir qualquer uma delas durante o quebra-gelo e / ou jogos introdutórios, vai ajudar o workshop a fluir um pouco mais suave depois. Por exemplo, você pode sugerir que quando nós nos apresentamos, vamos fazer um de cada vez e em sentido horário específico ou anti-horário. Dado que uma das regras é falar um de cada vez, e de um modo específico, numa direção específica, quando for a hora de explicar as regras do workshop, uma ou duas já serão familiares para os participantes.

2) Workshop- o coração e a alma do CCs

Com ou sem um jogo, o coração e a alma do Círculo de conexão é o workshop. Isto é onde nós nos conectamos! Uma vez que as pessoas estejam prontas para abrir seus corações um pouco, você pode alternar para o modo de workshop e fazer sua primeira pergunta.

Lembre-se, o objetivo do workshop é fazer as pessoas desfrutarem da conexão! É ótimo ter um momento agradável com os amigos fazendo algo que todos gostamos. Mas aqui estamos falando de outro nível de felicidade. Quando as pessoas se sentem conectadas, elas se sentem confiantes, relaxadas e otimistas. Elas sentem isso, porque estão se conectando à qualidade fundamental da conexão que falamos na primeira parte.

Nós queremos que elas sejam capazes de experimentar e aprender para aproveitá-la à vontade. Assim, as perguntas que fazemos durante o workshop devem ser todas direcionadas visando a conscientização de que a conexão e a unidade não são apenas coisas boas, mas são vitais para a felicidade de todos.

Essa profunda impressão não acontece sempre durante a primeira vez que as pessoas experimentam um CC, mas faz acontecer aos poucos. Se as pessoas se envolverem repetidamente nos CCs, elas certamente irão experimentar, basta continuar tentando.

Neste capítulo vamos oferecer algumas amostras de sequências de perguntas para o workshop, mas você está convidado a construir suas próprias, basta ter em mente as diretrizes para a construção de boas perguntas para workshop para levá-lo ao ponto de conexão desejada.

Prós e contras da Construção de Perguntas para o Workshop

Pros

1. Comece com perguntas gerais e torne-se mais específico à medida que você vai desenvolvendo. Se você está tendo um workshop sobre paternidade, você pode começar com algo como: "Como você imagina a família ideal? "A grande maioria das pessoas vai falar sobre a qualidade das relações entre os membros da família como o elemento mais importante em uma família ideal. À medida em que se complementam e adicionam informações para este cenário idílico, eles vão começar a pensar sobre a ideia e querer implementá-la. Em seguida, você pode perguntar sobre as formas de realizar essa ideia

2. Cada pergunta deve apontar na direção das conexões positivas. Por exemplo: "Por que ter amigos é importante para nós? "Ou" Está cientificamente provado que as pessoas que colaboram progridem mais nos seus empregos do que as pessoas que competem. Por que você acha que isso é assim? "

3. Tente evocar emoções positivas. Se, por exemplo, sua oficina é sobre as relações entre as pessoas na comunidade, você pode perguntar: "Você pode pensar em uma comunidade da qual você gostaria que nossa comunidade se assemelhasse? O que podemos obter dessa comunidade? "As chances são que as pessoas falem sobre as relações e responsabilidade mútua das pessoas nessa comunidade em relação às outras.

Lembre-se, você quer fazer as pessoas sentirem que a felicidade reside em conexões positivas.

Contras

1. Não sobrecarregue a oficina com muitas perguntas. Para uma grande oficina de meia hora, ou até mesmo mais longa, faça 5-6 perguntas.

2. Não faça perguntas que possam ser interpretadas negativamente. Por exemplo, uma pergunta como

"Por que estamos tão preocupados com as reações das outras pessoas em relação a nós? "provavelmente isso atrairá algumas emoções desagradáveis. O caminho certo para tocar este tema seria: "Descreva as reações que fazem você se sentir bem e abrir o seu coração para outras pessoas."

3. Encorajar reações positivas e negativas também pode ser deprimente. Voltando à questão sobre as reações das pessoas, tal questão seria algo como: "Descreva uma reação positiva que você obteve de uma pessoa, e descreva uma negativa. Como é que cada uma delas faz você se sentir? "

Naturalmente, todos se sentem melhor com a boa, mas apenas mencionar a reação negativa é provável que traga à tona lembranças e imagens desagradáveis tanto na mente de quem fala quanto nas mentes dos outros participantes.

A Regra do Jogo

"Quando a tribo se sentou em círculo pela primeira vez e concordou em permitir que apenas uma pessoa falasse por vez-foi o mais longo passo à frente na história da lei. "

William Curtis Bok

Escritor e juiz da Suprema Corte

As regras do CC para discussões são poucas, simples, razoáveis, e tem como objetivo promover a unidade e aconchego entre os participantes.

1. Igualdade: No círculo, ninguém é mais importante ou menos importante; todos são iguais, e muito importante! Iniciar a discussão com uma pessoa sentada ao seu lado e prosseguir em torno do círculo na ordem.

2. Mantenha-se no tópico. Todo mundo se esforça para manter o foco no tópico em questão.

3. Ouça os outros no círculo. Cada um fala em sua vez sem interromper as palavras de outro participante.

Ouvimos atentamente a pessoa que tenha a vez de falar e tentamos sentir e compreender o a visão desta pessoa como se fossemos ela. Nós fazemos isso para todos!

4. Não deve haver argumentação, críticas, ou declarações de julgamento, mesmo se discordar. Em nossa vez, vamos adicionar o nosso próprio ponto de vista. Pense na conversa como uma fogueira que aquece em uma noite fria no o bosque. Todos os participantes estão trabalhando para manter as chamas queimando, e cada um acrescenta seu pedaço de lenha no fogo. Os lenhos podem ser muito diferentes, mas todos eles aumentam o propósito comum de manter a chama aquecendo.

5. Defina um limite de tempo. Idealmente, um orador não deve tomar mais que um minuto antes de passar a "Tocha" para o próximo orador. As regras do workshop são diretrizes gerais, não regras no sentido mais estrito. Acima de tudo, o seu objetivo é incentivar conexão, calor e uma sensação de unidade, não a adesão a instruções estritas. Quando você precisar passar para a próxima pessoa no círculo, se um participante falou muito tempo, faça-o com cuidado. Leve em conta que ele em um momento de partilha, de algo muito emocional, provavelmente não se deu conta que tomou muito tempo. Em outras palavras, dê tempo às pessoas para se expressarem, mas não os deixe fazer discursos que lhes dará controle sobre a discussão e, portanto, busque um bom e leve fluxo na discussão.

Além disso, para ajudar a manter os participantes falando um de cada vez, você pode querer usar um "objeto de atenção."

Um objeto de atenção pode ser qualquer coisa como uma caneta ou uma flor ou um papel dobrado, desde que todo mundo saiba que este é o objeto de atenção, a pessoa que o detém é o único que pode falar e todo mundo está a ouvir atentamente.

Em geral, a melhor estratégia para corrigir alguém que não mantem as regras do debate é se aproximar à questão indiretamente. Você pode querer lembrar aos participantes das regras da oficina, em algum momento durante a conversa. Se você o fizer de uma forma que não aponte o dedo para qualquer um em particular, ninguém vai se ofender por isso. Ou, você pode querer tirar vantagem da oportunidade quando os participantes tenham concluído um círculo, e pedir-lhes para nos lembrar das regras da discussão. Se você disser: "Vamos todos lembrar-nos de uma regra," depois de ter criado uma pausa agradável para alívio no meio de uma (possível) discussão intensa. Em suma, a regra de ouro em relação às regras do workshop é "Seja gentil, sensível, ainda assertivo."

Algumas perguntas, muitas Respostas (possíveis). Uma vez que você já jogou um ou dois jogos (e está bem se você não o fez), e as pessoas do círculo estão sorrindo e prontas para mais, é hora de dar-lhes um verdadeiro sabor da conexão.

Não é necessário ter mais de 5-6 perguntas na oficina, e você não precisa mesmo pedir a todos eles. Se você chegou a um ponto de profunda proximidade entre as pessoas do círculo depois de apenas 30 minutos e quatro questões, não há problema, seguir em frente para a fase de partilha. É melhor se as pessoas saírem com um gostinho de quero mais, do que se eles saírem com uma sensação de que eles experimentaram tudo o que o CC tem para oferecer.

Aqui você vai encontrar algumas possíveis sequências de pergunta para diferentes configurações. Observe como eles vão do mais geral para o mais pessoal. As sequências contêm mais perguntas do que você precisa para que não se sinta obrigado a fazer a todas elas, basta escolher as que você se senta mais confortável. Além disso, lembre-se que você sempre pode compor suas próprias perguntas, se você se ativer apenas aos prós e contras da construção de perguntas para um bom workshop, que falamos neste capítulo.

No integral-society.com você pode encontrar mais sequências para diferentes ambientes e situações. Você também vai encontrar sequências mais específicas, tais como questões para os círculos sobre relacionamentos, educação, etc. As sequências abaixo são exemplos das questões do CC que se aplicam a eventos do dia-a-dia e configurações que todos nós experimentamos.

No parque ou na praia

(Esta sequência se refere a um dia no parque, mas funcionará igualmente bem para um círculo de praia se você fizer alguns ajustes).

1. As pessoas no parque parecem mais relaxadas e amigáveis com os outros, mesmo quando eles não se conhecem. Por que você acha que isso acontece?

2. (Opcional). Na natureza, tudo está conectado, completo. Quando estamos no parque, nos tornamos parte dessa integralidade e, portanto, nos sentimos bem. Como a integridade da natureza nos faz sentir bem?

3. Qual interação humana você se lembra de ver no parque que lhe trouxe alegria?

4. (Opcional). Como foi estar no parque e não dentro de casa lhe ajudou a interação positiva entre vocês?

5. Como você se sentiria se você pudesse ter estes momentos com todo mundo no parque?

6. Qual seria a sensação se você pudesse ter estes momentos com todos em sua vida?

7. Você pode pensar em uma ou mais formas de trazer este sentimento positivo em sua vida com mais frequência?

8. (Assumindo que o círculo foi bem-sucedido) Como você se sente em relação às pessoas do círculo agora, em comparação com a maneira como você se sentiu sobre eles antes do workshop começar?

No Barzinho

1. Além da razão óbvia do álcool, por que você acha que as pessoas vão aos bares?

2. Por que você se sente muito mais quente e mais amigável em um barzinho do que em uma grande

Boate?

3. (Assumindo que os participantes falaram sobre álcool ajudando as pessoas a se abrirem e se sentirem mais próximas) qual seria a razão para que nós não podemos abrir nossos corações sem álcool na mesma medida em que podemos fazê-lo com álcool?

4. Se pudéssemos nos sentir completamente abertos e verdadeiros uns com os outros o tempo todo, que nós consumiríamos bebidas alcoólicas, tanto quanto fazemos agora?

5. Você pode pensar em uma ou mais formas de trazer este sentimento positivo em sua vida com mais frequência?

6. (Assumindo que o círculo foi bem-sucedido) Como você se sente sobre as pessoas do círculo agora, em comparação com a maneira como você se sentiu sobre eles antes do workshop começar?

Na mesa de jantar

(Funciona igualmente bem com a família ou os hóspedes, apenas certifique- se dos ajustes, quando necessário.)

1. É quase obrigatório que em cada celebração ou ocasião haja alguma comida na mesa, e de preferência uma refeição festiva. Por que a comida é tão significativa nos mais importantes eventos em nossas vidas?

2. O ativista de direitos civis americano, Cesar Chavez, disse que "Se você realmente quiser fazer um amigo, vá para a casa de alguém e coma com ele ... as pessoas que dão a sua comida dão o seu coração. "Então, por que os alimentos nos aproximam"?

3. As pessoas vão longe e gastam um monte de dinheiro para fazer refeições bem-sucedidas. Mas pode ser uma refeição bem-sucedida se as pessoas que a compartilham não se sentem bem em companhia das outras? Se isso acontece qual a razão?

4. Cientista, diretor e escritor, Louise Fresco, disse sobre comida: "Não se trata de nutrientes e calorias. É sobre o compartilhar. "Por que as pessoas sentem a necessidade compartilhar? Por que eles não podem manter tudo para si mesmos e aproveitar em paz?

5. Qual seria a sensação se nós pudéssemos ter estes momentos de partilha com todos em nossas vidas, e não apenas na mesa de jantar?

6. Você pode pensar em uma ou mais formas de trazer este sentimento positivo em sua vida com mais frequência?

7. (Assumindo que o círculo foi bem-sucedido) Como você se sente sobre as pessoas do círculo agora, em comparação com a maneira como você se sentiu sobre elas antes do workshop começar?

3) Quando você se importa, Você Partilha

Depois de algumas rodadas de perguntas e respostas, a atmosfera é geralmente muito acolhedora e íntima. Até agora, as pessoas têm descoberto que elas se sentem muito perto dos outros participantes do círculo. Muitas vezes acontece que completos estranhos tornam-se grandes amigos depois de um círculo bem-sucedido.

Em Eilat, uma cidade turística no sul de Israel, o Movimento Arvut (garantia mútua) realiza CCs em uma base regular. Muitas vezes acontece que judeus e árabes participam juntos em círculos e saem como amigos, trocam e-mails e números de telefone, e esquecem completamente sobre a política e tudo à sua volta, porque eles aprenderam a se conectar acima de tudo isso. Nós documentamos estes círculos e pedimos que alguns dos participantes compartilhassem o que sentiram antes, durante e após o círculo. O sucesso retumbante de reunir judeus e árabes prova que apenas que qualquer conflito pode ser resolvido, se apenas subirmos acima de nossos próprios interesses e encontrarmos um elo comum onde estamos unidos.

Compartilhar as impressões no final do círculo é altamente recomendado porque até agora as pessoas podem estar se sentindo muito fechadas, mas muitas vezes têm dificuldade de expressar isso. Ouvindo os outros torna mais fácil fazer, abrir seus corações, também, e antes que você perceba você terá muitos elogios, gratidão e alegria.

Neste ponto, você também deve facilitar as regras. Quando a última pessoa responder a última pergunta, tome um segundo ou dois assimilar tudo. Lembre-se que a última questão em todas as nossas sequências sugerida foi "Como você se sente sobre as pessoas do círculo agora em comparação com a maneira como você se sentia sobre elas antes do workshop começar"?

Você pode aproveitar e sugerir que eles compartilhem, de forma aleatória de ordem, se eles quiserem (lembre-se, as regras são mais flexíveis agora), como se sentem sobre si, sobre esta forma de discussão, ou sobre como eles gostariam de tomar o que eles sentiram aqui e replicá-lo em suas vidas diárias.

Dê a esta fase alguns minutos porque a atmosfera positiva é muito cativante e se as pessoas se sentiram bem antes, depois desta fase, estarão nas nuvens. Está é a hora para abraçar e se separar com um gostinho de quero mais desta união que acabaram de experimentar.

Para Resumir

O Círculo de conexão é o elemento chave na Educação Integral. Ele encarna o espírito de união e igualdade e apresenta um método que permite que todas as pessoas se sentirem dignas, confiantes, e o mais importante, conectadas.

A conexão é o objetivo do círculo porque tudo na realidade está conectado, apenas os seres humanos se sentem separados. Esta separação é a causa de todas as dores. O CC é um método para descobrir nossa conexão e os grandes benefícios que vêm com esta descoberta.

Este capítulo não poderia cobrir tudo sobre o CC, mas apenas apresentar o que este método tem a oferecer. Se quiser experimentar os CCs em uma base regular, você é bem-vindo, visite www.integral-society.com e participe de nossas oficinas gratuitas. Faça essa conexão especial parte de sua vida.

Agora que já passamos por todos os elementos do círculo, estamos prontos para montar uma programação completa para um CC com amigos ou familiares (ou ambos). A programação abaixo é um modelo que você pode mudar de acordo com as circunstâncias, mas é também uma programação completa que você está convidado a usar sempre que uma ocasião se apresentar.

Aquecimento

Para o facilitador: O objetivo do aquecimento é quebrar o gelo e preparar. Você está convidado a usar os jogos sugeridos acima, os jogos apresentados neste modelo, ou quaisquer outras atividades e jogos que aproximam mais as pessoas sem evocar a concorrência.

Possíveis Jogos de Aquecimento:

1. dedos tocando: Os participantes sentam em círculo, fecham os olhos e tentam chegar ao meio com seu dedo indicador. Eles tentam que todos os dedos indicadores dos participantes se encontram no centro do círculo sem abrir os olhos.

2. Conte até dez: Contando de um a dez, sem decidir quem diz que número e sem dar pistas visuais. Só uma pessoa por vez pode falar um número, por isso, se duas pessoas falarem um número simultaneamente, a contagem recomeça. Na versão mais difícil o mesmo jogo é feito com os olhos fechados.

Apresentando as Diretrizes do Círculo

Explique que, a fim de manter e até mesmo aumentar o entusiasmo que estamos sentindo depois dos jogos, a discussão segue algumas orientações. Aqui estão elas:

1. Igualdade: No círculo, ninguém é mais importante ou menos importante; todos são iguais, e muito

Importante! Iniciar a discussão com a pessoa sentada ao seu lado e prosseguir em torno do círculo na ordem.

2. Manter-se no tema. Todo mundo se esforça para manter o foco no tópico em questão.

3. Ouvir. Nós falamos em nossa vez sem interromper outros participantes. Ouvimos atentamente o que a pessoa que está na vez de falar, e tentamos sentir e compreender a visão da pessoa como se fôssemos essa pessoa. Nós fazemos isso com todo o mundo!

4. Sem argumentos, críticas ou julgamentos mesmo se discordamos. Em nossa vez, adicionamos nosso próprio ponto de vista. Pense na discussão como uma fogueira que aquece em uma noite fria na floresta. Todos os participantes trabalham para manter as chamas ardendo e cada um acrescenta o seu pedaço de madeira para manter o fogo. As peças podem ser muito diferentes, mas complementam o propósito comum de sustentar a chama que aquece.

5. Limite de tempo. Idealmente, a pessoa que fala não deve demorar mais que um minuto antes de passar a "tocha" para o próximo orador.

Fazendo Perguntas

Neste ponto, você faz uma declaração da qual todos possivelmente lhe digam respeito e fazer algumas perguntas sobre o assunto. Isto geralmente funciona melhor quando começamos com uma pergunta mais geral e progredimos para questões mais específicas relacionadas com o indivíduo, como no exemplo a seguir.

Declaração: Nada em nosso mundo é criado por uma única pessoa. Cada produto ou serviço que usamos é construído por muitas pessoas, e nós também precisamos de amigos e familiares.

Perguntas:

1. O que as pessoas sentiriam em relação aos outros se elas compreendessem que a sua felicidade pessoal e sucesso são completamente dependentes dos outros?

2. Em uma sociedade onde todos se reconheçam interdependentes, como as pessoas se comportam em relação aos outros?

3. Descreva a sua vida como se você estivesse vivendo em um mundo onde todos implementam a responsabilidade mútua.

4. Você pode pensar em uma ou mais formas de trazer este sentimento positivo para sua vida com mais frequência?

5. (Assumindo que o círculo foi bem-sucedido) Como você se sente sobre as pessoas do círculo agora, em comparação com a maneira como você se sentiu antes do círculo começar?

Concluindo o Círculo

Esta é a parte quando as pessoas compartilham suas emoções. Repare como está relacionado à última pergunta no círculo. Se tudo fluir naturalmente, simplesmente deixe esta partilha acontecer como extensão natural da pergunta final. Você também pode "brincar" com esta parte sugerindo o jogo do desejo, onde você pede a cada participante para responder a uma ou duas perguntas, tais como "O que eu desejo para mim e para todos nós (adicionar algo relevante, por exemplo, 'O novo ano') ou "O que eu levo comigo deste círculo hoje, que pensamentos, impressões ou emoções"?

No final, não se esqueça de agradecer aos seus amigos por estarem neste círculo com você, e encaminhe-os para www.integral-society.com

Lá podem encontrar muitos mais círculos, materiais relacionados, e círculos ao vivo para participar.

"Numa mesa redonda, todos os lugares são a cabeceira da mesa."

Provérbio alemão

A terceira, e mais complicada ferramenta utilizada na Educação Integral para adultos é no formato de discussão mesa-redonda (MR). Quando você precisa resolver questões que emergem de problemas sistêmicos mais do que o os CCs podem lidar, como um conflito entre residentes de um bairro e do conselho da cidade, entre diferentes grupos étnicos, ou entre grupos em conflito que vivem lado a lado, você precisa do formato discussão MR. Claro, boa vontade por parte das partes em conflito também vem a calhar nessas situações, mas o MR é uma ótima maneira de aproveitar ao máximo a vontade de resolver as coisas.

Basicamente, o formato de MR é uma forma mais especializada de Círculos de conexão. Como o CC, não tenta encontrar uma proposta com a qual todos estejam de pleno acordo, mas ajuda as pessoas se aproximarem mais por encontrar uma nova conexão, *acima* do conflito anterior. Esta ferramenta ajuda a criar um novo vínculo entre as pessoas, colocando seu conflito dentro dessa perspectiva que os ajuda a quer resolvê-lo facilmente, ou simplesmente se sentir como se ele não existisse mais sem sequer ter que resolvê-lo.

Para ter uma melhor ideia do que quero dizer quando digo ", conectando acima de alguma coisa, "pense em um casal que teve um casamento feliz durante 20 anos. Depois de duas décadas de convivência, eles sabem os pontos fortes e fracos de cada um melhor do que seus próprios. Assim, se ambos sentem que as forças do seu cônjuge superam esmagadoramente os pontos fracos, eles ficarão muito felizes em continuar vivendo juntos. Neste caso, consideram as falhas do cônjuge como "especiarias" que agregam sabor ao prato, que é o seu casamento. Da mesma forma, as MRs nos ajudam a ver inimigos e rivais do passado como aliados e amigos ao concluirmos que o lugar onde compartilhamos algo é mais importante para nós do que o ponto em que discordamos.

A mesa-redonda como um símbolo da igualdade e amizade tem estado presente há muitos séculos. Os Cavaleiros da Távola Redonda do rei Arthur foram mencionados em Roman *de Brut* de Wace (1155). De acordo com Wace, Arthur, o rei da Grã-Bretanha, teve uma mesa feita na forma de um círculo, porque um círculo não tem cabeceira, o que implica que todos os que se sentem lá estão em posição de igualdade. Sentados lá, os cavaleiros do rei Arthur chegaram em suas decisões através de deliberação e consentimento, ao invés de superioridade de status.

Mas os cavaleiros não só eram obrigados a tratar um ao outro como iguais. Para estar entre cavaleiros da Távola do Rei Artur, você tinha que aderir a um código moral que é até hoje é um modelo de ética social. Eles tinham que observar três cânones: o amor de Deus, o amor do homem, e ações nobres.

Nos encargos que o Rei Arthur deu aos seus cavaleiros, ele elaborou as práticas que eles deveriam executar: Os cavaleiros foram proibidos de ficar com raiva, assassinar, cometer traição, ser cruel, mal-educados ou rudes. Eles também foram proibidos de participar de batalhas ou brigas que não fossem para o bem do mundo. E por último, mas não menos importante, eles foram obrigados a serem sempre gentis com as mulheres e meninas, e ajuda-las para sempre.

Se isto já não fosse uma lista bastante longa de funções, os cavaleiros do rei foram obrigados a manter sempre a sua palavra, e serem misericordiosos para com quem lhes pedissem. Eles também foram proibidos de se orgulhar porque, para citar os encargos do rei Arthur, "grande orgulho ... traz grande tristeza. "

O círculo no emblema da Távola-Redonda simbolizava a igualdade, união e camaradagem da Ordem. Em tempo, o conceito de mesa-redonda adquiriu uma menos nobre e mais mundana natureza, mas até hoje, o código moral dos Cavaleiros da Távola Redonda-refletem o que muitos consideram como os valores sociais de uma sociedade ideal.

Com este legado em mente, era natural escolher o título, "Mesa Redonda", para um formato de discussão que alcance exatamente o mesmo resultado que o Rei Arthur tinha a esperança de alcançar com seus cavaleiros: igualdade, unidade e camaradagem.

Como A MR Atual Funciona

O formato de discussão da MR que usamos anseia desafios. Quanto mais profundo o conflito entre as partes sentadas à mesa, melhor o "candidato" será para uma discussão bem-sucedida na MR.

Disputas raciais não tem problema; tensões religiosas, pode trazer, igualdade de gênero, é o arroz com feijão das MRs.

Até este momento, temos realizado as MRs praticamente ao redor do mundo. Nova York e San Francisco, Toronto, Frankfurt e Nuremberg, Roma, Barcelona, São Petersburgo e Perm (Rússia) são apenas alguns dos muitos lugares onde esta forma de conversa tem sido realizada, todos com o mesmo sucesso retumbante.

Em Israel, a (garantia mútua) movimento Arvut tem discussões MR realizadas em mais de 100 cidades, e Assentamentos judeus e árabes. O sucesso esmagador do formato discussão MR chamou a atenção do ex-presidente de Israel, Sr. Shimon Peres, que acolheu as discussões na Residência Presidencial, enquanto outras 1.000 MRs estavam ocorrendo simultaneamente em todo o país. Em um vídeo 83 que resume eventos MR em Nova York e em Toronto, você pode ver como é uma discussão de MR e ouvir alguns dos depoimentos de pessoas que as experimentaram.

Para entender o que faz com que a MR seja um formato bem-sucedido, precisamos compreender o fluxo da discussão.

Como eu disse anteriormente, o objetivo da deliberação não é nem a de reconciliar as diferenças nem a de induzir compromisso. Em vez disso, o objetivo é encontrar um denominador comum que se destaca acima dos conflitos e disputas. O resultado de encontrar esse ponto comum é que os temas em disputa de repente parecem muito menos importantes do que antes, e pálida em comparação com a unidade e calor que os participantes agora sentem entre si. Às vezes, esses conflitos desaparecem por completo como resultado da MR. Se, na sequência das discussões, algumas questões ainda permanecem sem solução, novas soluções são facilmente encontradas através de um espírito de boa-fé, graças ao recém-descoberto interesse comum.

No espírito de igualdade, as deliberações também envolvem a audiência, e seguem este procedimento: Um painel de indivíduos de diversas origens, muitas vezes conflitantes e agendas sentam-se em torno da mesa principal. O público não se senta em fileiras, mas também em mesas redondas, porque todas as pessoas que estão presente no evento tomam parte ativa na discussão. O anfitrião do evento declara o tema da discussão, e os palestrantes expressam suas opiniões sobre ele. Em seguida, o público faz as perguntas para os apresentadores, e um ou mais deles respondem. Assim como os CCs, os participantes são proibidos de colocar para baixo ou criticar as opiniões dos outros apresentadores, ou interferir com as suas palavras. Críticas pessoais são também estritamente proibida. Desta forma, os palestrantes expressam sua forma de ver o problema e o público ouve uma variedade de pontos de vista que não se opõem, mas complementam os outros.

Depois disso, o anfitrião coloca questões para o público, que já está sentado em mesas redondas, e todos começam a discuti-las. A discussão é realizada da mesma forma e no espírito demonstrado no painel. Neste estágio, cada mesa forma seus próprios pontos de vista sobre as questões a deliberar sob as mesmas regras do CC: 1) A igualdade, 2) Permanecer no tema, 3) Ouvir os outros, 4) Nenhuma crítica, 5) Manter um limite de tempo.

Finalmente, as mesas se reúnem em uma assembleia geral e cada mesa apresenta as suas conclusões, ações e suas impressões do evento como um todo. Assim como a fase da partilha no CC, esta fase é muito importante porque agora, o público começa a absorver todos os pontos de vista, ou pelo menos uma grande parte deles, dependendo do número de mesas participantes no evento.

Em 2012, o Departamento de Economia do Instituto ARI publicou um livro intitulado, os benefícios da nova economia: Resolvendo a crise econômica global, através da responsabilidade mútua. A Mesa-redonda é sugerida lá como um meio de resolução de problemas sociais e econômicos de forma socialmente muito mais justa, e que terá apoio mais amplo do público.

Talvez existam outras maneiras de deliberar de forma a representar genuinamente nossa sociedade interconectada, mas a MR é definitivamente uma que eu recomendaria como meio para resolver nossas disputas. Albert Einstein disse que "Os problemas significativos que enfrentamos não podem ser resolvidos no mesmo nível de pensamento que foi usado quando os criamos" 84. Exatamente por isso, o único caminho para resolver os nossos problemas é elevando-nos acima deles, precisamente como o formato MR exige.

Já podemos ver que a tentativa de consertar os problemas econômicos que o nosso mundo enfrenta é, no melhor dos casos, ineficaz. Vamos ter que criar uma nova maneira de pensar, e que a nova maneira terá que emergir a partir do atual estado da humanidade, que é conectada e integrada ao núcleo. O mesmo se aplica para os nossos problemas sociais. Se tentarmos corrigir um problema, outro vai surgir. No final, vamos estar cercados por um monte de crises sociais que nos forçam a repensar a nossa estratégia. Nesse ponto, vamos perceber que não podemos resolver o racismo, ou os direitos dos migrantes, ou a pobreza, ou a divisão injusta de renda, ou a desigualdade de oportunidades na educação, ou qualquer outro problema, se nos concentrarmos apenas no problema como uma questão isolada. Só se virmos nossa sociedade inteira como uma entidade única que precisa de cura para todas as suas partes saberemos como priorizar nossas decisões e atender a todas as nossas necessidades com justiça e compaixão. Nós temos os recursos necessários para atender todas as nossas necessidades vitais; o quê que nos falta é a boa vontade para tomar decisões justas. Quando nos sentirmos mais unidos, vamos tomar essas decisões de forma que realmente garanta o nosso bem-estar e felicidade, em uma sociedade justa e sustentável.

Posfácio

Tem sido uma experiência única escrever este livro. Isto é, não é fácil de escrever um livro que tanto apresenta um conceito que aborda os desafios da nossa sociedade, e oferece soluções práticas que todos nós podemos implementar e, assim, fazer face a estes desafios com sucesso. Espero que, os conceitos da Educação Integral estejam um pouco mais claros agora, e mais aplicáveis à vida, porque este é o seu objetivo: tornar a vida mais feliz, mais completa e mais fácil de experimentar o poder da conexão.

A primeira parte do livro detalha os "dados concretos" sobre as crises globais que estamos experimentando como resultado da nossa abordagem autocentrada em nosso meio ambiente. A segunda parte sugere uma solução para o problema que o nosso egoísmo coloca em nossa frente.

Existem, e existirão muitos livros que acusem o comportamento humano como a causa do nosso planeta ter problemas e também os problemas da nossa sociedade global. A maioria deles sugere que se mudarmos o nosso comportamento em algo mais sustentável, tudo ficará bem.

Não é nenhum segredo que o nosso comportamento em relação aos outros e ao nosso planeta é deplorável. No entanto, na minha opinião, como mostrado na primeira parte, o nosso comportamento é simplesmente um reflexo da nossa natureza. Portanto, para mudar nosso comportamento, precisamos mudar completamente de servirmos a nós mesmos para pessoas que percebam a realidade por uma perspectiva mais equilibrada.

O problema é que, embora todos os outros elementos da realidade instintivamente respeitam a lei de equilíbrio da natureza ou homeostase, nós seres humanos parecemos escolhido uma outra forma. Temos a tendência de nos sentir superiores a todos os outros elementos da realidade, e nos separamos dos nossos companheiros humanos. O resultado é a nossa conduta autocentrada.

Mas, assim como as células cancerosas exibem uma conduta autocentrada e acabam por destruir-se junto com o organismo anfitrião, a humanidade está explorando o planeta, e explorando populações vulneráveis, como se não houvesse amanhã, esquecendo que, ao continuar fazendo isso, realmente não haverá amanhã. Assim, a solução que proponho aqui é aprender como ver a realidade a partir de uma perspectiva mais inclusiva. Desta forma, podemos naturalmente e suavemente mudar o nosso comportamento para o modelo equilibrado, que vai sustentar a nós mesmos e as nossas crianças daqui para frente.

A segunda parte do livro é dedicada a apresentar os conceitos básicos da Educação Integral (EI) para adultos, que é diferente da EI das crianças que foi apresentada no livro Psicologia da Sociedade Integral. O escopo deste livro me permitiu apresentar apenas a ponta do iceberg. Muito mais precisa ser feito para tornar a mudança duradoura, mas se nós entendermos o que é preciso mudar, juntos encontraremos a maneira certa para fazê-la.

O Instituto ARI oferece uma grande quantidade de material para maior análise das ideias aqui apresentadas, e o site www.integral-society.com , oferece uma plataforma prática para experimentar os círculos on-line e também materiais para uso em faça você mesmo para os leitores aventureiros. Você está convidado a explorar ambos os sites e aproveitar o conteúdo compartilhado no espírito de Mesa-Redonda de unidade, igualdade e camaradagem.

Na verdade, o trabalho de consertar o mundo não é um pequeno compromisso. Mas se fizermos isso juntos, para o nosso próprio bem, para o bem dos nossos filhos, e de toda a humanidade, o sucesso já está garantido.

Michael Laitman

Declaração de missão

O Instituto ARI é uma organização sem fins lucrativos dedicado a promover mudanças positivas em políticas e práticas educativas através de ideias e soluções inovadoras. Estas podem ser aplicadas às questões educacionais mais prementes em nosso tempo. O Instituto ARI apresenta o novo método educacional, Educação Integral (EI), que fornece as ferramentas para se ter sucesso em um mundo interdependente e conectado.

Por meio de suas redes, atividades e recursos multimídia, o Instituto ARI promove cooperação internacional e interdisciplinar.

O que fazemos

Nós encorajamos o diálogo ativo como uma oportunidade para facilitar uma mudança positiva no pensamento global. Acreditamos na educação das gerações futuras, permitindo-lhes lidar com enormes mudanças no clima, economia e relações geopolíticas.

Nossos materiais são gratuitos e disponíveis a todos. Estes materiais revelam o sistema integral, global das leis naturais que vem atualmente se manifestando na sociedade. Estamos comprometidos com o compartilhamento do nosso conhecimento a nível internacional através de nossos canais multimídia estabelecidos. Estamos ainda mais empenhados em reforçar a consciência da necessidade das pessoas de basear as suas relações no espírito da responsabilidade mútua e envolvimento pessoal.

Nossos valores

Nós todos estamos vivendo em tempos difíceis, confrontados com crises pessoais, ambientais e sociais. Estas crises estão ocorrendo porque a humanidade tem sido incapaz de perceber a interligação e interdependência entre nós e entre a raça humana e a natureza. Através da prestação de informação ao público através de um ambiente de mídia rico, agimos como catalisadores para mudar o comportamento humano em direção a um modelo mais sustentável. Defendemos uma solução aos atuais desafios globais e promovê-lo por meio de nosso conteúdo educacional único.

Através de extensa pesquisa e atividades públicas, O Instituto ARI oferece uma compreensão clara e coerente do natural desenvolvimento dos eventos e degradação social que existe e que levou ao estado atual das coisas em nosso mundo global integral.

Nossa Posição Sobre a Economia

Os desafios globais não são nem financeiros, nem econômicos, nem ecológica. Ao contrário, os desafios atingem toda a nossa civilização e todos os domínios da vida.

Portanto, temos que olhar para a sua raiz e tratar sua causa comum que é a nossa natureza egocêntrica.

Acreditamos que uma mudança superficial na vontade da sociedade não produz resultados duradouros. Primeiro, temos de transformar as conexões entre nós, que se separam do egocentrismo e se transformam em altruísmo. Este é o princípio pelo qual os sistemas integrais operam, e hoje estamos descobrindo que a sociedade humana é precisamente esse sistema.

Sobre o Dr. Michael Laitman

Fundador do Instituto ARI, Dr. Laitman é altamente qualificado. Professor de Ontologia e Teoria do Conhecimento, PhD em Filosofia, e tem Mestrado em Medicina Cibernética.

O Instituto ARI tem filiais na América do Norte, América Central e do Sul, assim como na Ásia,

África e Europa Ocidental e Oriental.

Dr. Laitman é dedica-se a promover mudanças positivas nas políticas e práticas educacionais, e aplicá-las aos problemas sociais e educacionais mais urgentes do nosso tempo. Ele propõe uma nova abordagem à educação que implementa as regras da vida em um mundo interdependentes e interconectado.

Leituras Adicionais

Um Guia para Viver em um mundo globalizado

Dr. Laitman fornece orientações específicas sobre como viver em nosso mundo cada vez mais tecnologicamente interconectado. A nova perspectiva que ele apresenta toca todas as áreas da vida humana: a social, a econômica e ambiental, com ênfase especial na educação. Ele esboça um novo sistema de educação global com base em valores universais, para criar uma sociedade coesa em nossa emergente, estreitamente interligada realidade.

Em seus encontros com a Sra. Irina Bokova, Diretora Geral da UNESCO, e com o Dr. Asha-Rose Migiro, ex-secretário-geral adjunto da ONU, ele discutiu os problemas da educação em todo o mundo atual e deu sua visão para a sua solução. Este tópico crucial é presente no processo de grande transformação. Dr. Laitman sublinha a urgência de tirar proveito das ferramentas de comunicação recentemente disponíveis, considerando as aspirações únicas de hoje sem desconsiderar os jovens e sua preparação para a vida em um ambiente altamente dinâmico do mundo global.

Nos últimos anos, Dr. Laitman tem trabalhado diretamente com muitas instituições internacionais e participado de diversos eventos internacionais em Tóquio com o Goi, Peace Foundation, Arosa (Suíça), e

Düsseldorf (Alemanha), e no Fórum Internacional de Culturas em Monterrey (México). Estes eventos foram organizados com o apoio da UNESCO. Nesses fóruns globais, ele contribuiu para as discussões vitais sobre a crise no mundo e delineou os passos necessários para criar uma mudança positiva através de uma consciência global reforçada.

Dr. Laitman tem sido destaque na mídia internacional, incluindo The New York Times, Huffington Post, Corriere della Sera, o Chicago Tribune, o Miami Herald, The Jerusalem Post, The Globe, RAI TV e Bloomberg TV.

Ele dedicou sua vida a explorar a natureza humana e a sociedade, buscando respostas para o sentido da vida em nosso mundo moderno. A combinação de sua área de atuação acadêmica e amplo conhecimento o tornaram um pensador e um palestrante do mundo. Laitman escreveu mais de 40 livros que foram traduzidos para 18 idiomas, todos com o objetivo de ajudar as pessoas a alcançar a harmonia entre elas e o seu ambiente.

Sua abordagem científica permite que as pessoas de todas as origens, nacionalidades e religiões superem suas diferenças e unam-se em torno da mensagem global de responsabilidade mútua e colaboração.

Leituras adicionais

A Psicologia da Sociedade Integral

A Psicologia da Sociedade Integral apresenta uma abordagem revolucionária da educação. Ao nosso redor, vemos a prova de que uma paradoxal mudança de paradigma está ocorrendo em nossa sociedade. Um mundo interligado e interdependente começou a emergir gradualmente, mostrando o sistema atual da sociedade construído a partir do egoísmo e excesso. Enquanto o mundo evolui, nosso sistema educacional está estagnado, baseado em ideais e necessidades do século XIX. Uma nova educação deve ser desenvolvida para estar de acordo com as necessidades de uma sociedade integral, em que todas as partes trabalham juntas para o bem-estar e sucesso da humanidade. A sociedade vai, por sua vez, ser responsável por fornecer bem-estar e sucesso a seus cidadãos, formando, consequentemente, um relacionamento baseado na necessidade mútua. Num mundo globalizado integral, essa é a única solução sensível e sustentável.

Neste livro, numa série de diálogos entre os professores Michael Laitman e Anatoly Ulianov, vemos o início do desdobramento de um novo sistema de educação. Ausência de competição, educação a partir de ambiente social, igualdade entre amigos, retribuição a filantropos e preparação dinâmica de aulas e instrutores são somente alguns dos novos preceitos apresentados neste livro essencial.

Os Benefícios da Nova Economia
Resolvendo a Crise Econômica Global através da responsabilidade mútua

Alguma vez você já se perguntou por que, apesar de todos os esforços dos melhores economistas do mundo, a crise econômica se recusa a minguar? A resposta a essa pergunta está em nós, todos nós.

A economia é um reflexo de nossos relacionamentos. Através do desenvolvimento natural, o mundo tornou-se um sistema integrado, uma aldeia global onde somos todos interdependentes.

A Interdependência e a "globalização" significam que o que acontece em uma parte do mundo afeta todas as outras partes. Como resultado, uma solução para a crise global deve incluir o mundo inteiro, pois se apenas uma parte se cura e a outra ainda está com dificuldades, irá torná-la doente de novo.

O benefício da Nova Economia foi escrito devido à preocupação com o nosso futuro comum. Sua finalidade é melhorar nossa compreensão da turbulência econômica de hoje, suas causas, como pode ser resolvida, e o resultado esperado. A estrada em direção a uma nova economia não está na cobrança de novos impostos, impressão de dinheiro, ou qualquer remédio do passado. Em vez disso, a solução encontra-se em uma sociedade onde todos apoiam uns aos outros em garantia mútua. Isso cria um ambiente social de cuidado e consideração, e a compreensão de que vamos subir ou cair juntos, porque somos todos interdependentes.

Este livro contém treze ensaios escritos em 2011 por vários economistas e financistas de diferentes disciplinas. Cada ensaio aborda um problema específico, e pode ser lido como uma unidade separada. No entanto, um tema os conecta: a ausência de garantia mútua como a causa dos problemas no mundo global integral.

Você pode ler esses ensaios na ordem de sua escolha. Nós, os autores, acreditamos que se você ler pelo menos alguns ensaios você receberá uma visão mais abrangente do que é necessário transformar, a fim de resolver a crise global e criar uma economia sustentável, próspera.

Um Guia para o Novo Mundo

Por que 1% da população mundial possui 40% da riqueza? Por que os sistemas de ensino produzem crianças mal-educadas? Por que há fome? Por que existem ainda países onde a dignidade humana e a justiça social não existem?

Todos ansiamos por nos sentir seguros, confiar em nossos vizinhos, e garantir o futuro dos nossos filhos. Para isso, devemos aprender como cuidar de tudo, e praticar a garantia-mútua, onde todos são responsáveis pelo bem-estar dos outros. Um Guia para o Novo Mundo foi escrito para nos ajudar a pavimentar o caminho para a transformação global pacífica e agradável.

Conectados-pela Lei da Natureza

Conectados-pela Lei da Natureza é um livro inovador sobre o despertar da consciência social. Apresenta uma visão abrangente da realidade e do processo que a humanidade está passando, o livro oferece ferramentas para utilizar nas grandes mudanças pessoais e sociais pelas quais estamos passando para o nosso benefício.

O livro sugere um "programa de saúde para a humanidade" solidificando os laços entre nós em todos os níveis: família, comunidade, nacional e internacional. Quanto mais cedo implementarmos o programa, mais cedo desfrutaremos de vida tranquila, feliz e significativa.

Interesse Próprio vs. Altruísmo na Era Global

Interesse Próprio vs. Altruísmo na Era Global apresenta uma nova perspectiva sobre os desafios que o mundo enfrenta atualmente. Dr. Laitman mostra ao leitor que os problemas do mundo são consequência do egoísmo crescente da humanidade. Neste espírito, o livro sugere formas de usar nossos egos para benefício da sociedade, ao invés de meramente para nosso interesse próprio.

Os primeiros capítulos oferecem um entendimento único da existência da humanidade neste planeta e como nosso egoísmo coletivo tem influenciado o desenvolvimento de nossa sociedade. Ao entender o ego e sua origem o leitor descobre um novo entendimento da existência global integral como remédio para os males da sociedade. Os capítulos finais tratam de nossos desafios sociais e políticos atuais, e explicam como nós podemos usar nossos egos para resolvê-los, ao invés de continuar no ciclo negativo que a humanidade se encontra.

Notas

1 An Address to the 2011 International Finance Forum by Christine Lagarde, Managing Director, International Monetary Fund, Beijing, November 9, 2011 (http://www.imf.org/external/ np/speeches/2011/110911.htm)

2 D'Vera Cohn, Jeffrey Passel, Wendy Wang and Gretchen Livingston, "Barely Half of U.S. Adults Are Married – A Record Low," Pew Research Center (December 14, 2011), http://www.pewsocialtrends.org/2011/12/14/barely-half-of-us-adults-are-married-a-record-low/?src=prc-headline

3 "National survey shows a rise in illicit drug use from 2008 to 2010," SAMHSA *News Release* (August 9, 2011), http://www.samhsa.gov/newsroom/advisories/1109075503.aspx

4 Albert R. Hunt, "A Country of Inmates," *The New York Times* (November 20, 2011), http://www.nytimes.com/2011/11/21/us/21iht-letter21.html?pagewanted=all

5 John Ebersole, "Top Issues Facing Higher Education In 2014," *Forbes*, (January 1, 2014), https://www.forbes.com/sites/johnebersole/2014/01/13/top-issues-facing-higher-education-in-2014/

6 National Rifle Association Institute for Legislative Action, "Firearm Fact Card 2011," http://www.nraila.org/Issues/FactSheets/Read.aspx?ID=83

7 Carol Cratty, "Gun sales at record levels, according to FBI background checks," *CNN* (December 28, 2011), http://edition.cnn.com/2011/12/27/us/record-gun-sales/index.html

8 Kate Kelland, "Nearly 40 Percent of Europeans Suffer Mental Illness," *Reuters* (September 4, 2011), http://www.reuters.com/article/2011/09/04/us-europe-mental-illness-idUSTRE7832JJ20110904

9 Toby Helm, "Most Britons believe children will have worse lives than their parents – poll," *The Guardian* (December 3,2011), http://www.guardian.co.uk/society/2011/dec/03/britons-children-lives-parents-poll

10 Henry Melvill, "Partaking in Other Men's Sins," an address at St. Margaret's Church, Lothbury, England (12 June 1855), printed in *Golden Lectures* (1855), often been misattributed to Herman Melville.

11 Ian Goldin, "Navigating our global future," *TED* (October 2009), http://www.ted.com/talks/ian_goldin_navigating_our_global_future.html

12 Gordon Brown speaks to the Lord Mayor's Banquet: http://www.labour.org.uk/lord_mayors_banquet

13 Anthony Giddens, *Runaway World: How Globalization isReshaping Our Lives* (N.Y., Routledge, 2003), 6-7.

14 Javier Solana and Daniel Innerarity, "The New Grammar of Power," *Project Syndicate* (July 1, 2011), http://www.project-syndicate.org/commentary/solana10/English

15 Ludger Kühnhardt "A Call for the United States to Rediscover Its Ideals," *The Globalist* (May 24, 2011), http://www.theglobalist.com/storyid.aspx?StoryId=9149

16 Pascal Lamy "Lamy underlines need for 'unity in our global diversity,'" World Trade Organization (WTO) (June 14, 2011), http://www.wto.org/english/news_e/sppl_e/sppl194_e.htm

17 Gregory Rodriguez, "Rodriguez: Zero-sum games in an interconnected world," *Los Angeles Times* (August 1, 2011), http://articles.latimes.com/2011/aug/01/opinion/la-oe-rodriguez-zerosum-20110801

18 L'Oeil de La Lettre, "'Think We, Not Me or I'–The Dalai Lama," *La Lettre*, http://www.lalettredelaphotographie.com/entries/think-we-not-me-or-i-the-dalai-lama153

19 Alice Calaprice, *The New Quotable Einstein* (USA: Princeton University Press, 2005), 206

20 Information extracted from the MIT Haystack Observatory, www.haystack.mit.edu/edu/pcr/.../3%20.../nuclear%20synthesis.pdf.

21 Werner Heisenberg, quoted by Ruth Nanda Anshen in *Biography of an Idea* (Moyer Bell, 1987), 224

22 G. Tyler Miller, Scott Spoolman, *Living in the Environment:Principles, Connections, and Solutions*, 16th Edition (U.S.A.,Brooks/Cole, September 24, 2008), 15

23 Jean M. Twenge and W. Keith Campbell, *The Narcissism Epidemic: Living in the Age of Entitlement* (New York: Free Press, A Division of Simon & Schuster, Inc. 2009), 78

24 Jean M. Twenge and W. Keith Campbell, *The Narcissism Epidemic*, 1

25 Jean M. Twenge and W. Keith Campbell, *The Narcissism Epidemic*, 1-2

26 Tim Jackson, "Tim Jackson's economic reality check" TED (October 2010), https://www.ted.com/talks/httpen/tim_jackson_s_economic_reality_check.html (min. 06:59)

27 Fiona Harvey, "World headed for irreversible climate change in five years, IEA warns," *The Guardian* (November 9,2011), http://www.guardian.co.uk/environment/2011/nov/09/fossil-fuel-infrastructure-climate-change

28 e360digest, "Extreme Weather Events Likely Linked to Warming, IPCC Says" (November 1, 2011), http://e360.yale.edu/digest/extreme_weather_events_likely_linked_to_warming_ipcc_says/3105/

29 Natasha Geiling, "California's Drought Could Upend America's Entire Food System" (May 5, 2015), https://thinkprogress.org/climate/2015/05/05/3646965/californiadrought-and-agriculture-explainer/

30 Ibid.

31 Ibid.

32 Ibid.

33 "Fishing, Why It Matters," WWF, http://www.worldwildlife.org/what/globalmarkers/fishing/whyitmatters.html

34 Ian Sample, "Global food crisis looms as climate change and population growth strip fertile land" (*The Guardian*, August 31, 2007), http://www.guardian.co.uk/environment/2007/aug/31/climatechange.food

35 "Water, Sanitation and Hygiene," UNICEF (December 21,2011), http://www.unicef.org/wash/

36 Lester R. Brown, *World on the Edge: How to Prevent Environmental and Economic Collapse* (USA, W. W. Norton & Company, January 6, 2011), 16

37 Matthew Lee, "Hillary Clinton Raises Alarm on Rising
Food Prices," *Associated Press* (May 6, 2011), published on cnsnews.com, http://cnsnews.com/news/article/hillary-clinton-raises-alarm-rising-food-prices

38 Ramy Inocencio, "World wastes 30% of all food," *CNN*(May 13, 2011), http://business.blogs.cnn.com/2011/05/13/30-of-all-worlds-food-goes-to-waste/

39 "Ethics And The Global Financial Crisis," interview withMichel Camdessus, uploaded to YouTube by romereports (April 1,2009), http://www.youtube.com/watch?v=M3q8XI7.DW.lg

40 Steve Connor, "Warning: Oil supplies are running outfast," *The Independent* (August 3, 2009), http://www.independent.co.uk/news/science/warning-oil-supplies-are-running-outfast-1766585.html

41 Quoted in: Laszlo Solymar, Donald Walsh, *Lectures on the electrical properties of materials*, "Introduction" (UK, Oxford University Press, 1993), xiii

42 Martin Luther King, Jr. "Facing the Challenge of a New Age" (December, 1956), http://www.liberty.net/eslcwic/king.html

43 Nicholas A. Christakis, James H. Fowler, *Connected: The
Surprising Power of Our Social Networks and How They Shape OurLives - How Your Friends' Friends' Friends Affect Everything You Feel,
Think, and Do* (USA, Little, Brown and Company, January 12, 2011), 305

44 Maria Konnikova, "Lessons from Sherlock Holmes: The Power of Public Opinion," *Scientific American*, "Blogs" (September 13, 2011), http://blogs.scientificamerican.com/guestblog/2011/09/13/lessons-fromsherlockholmes-the-power-of-public-opinion/

45 Kavita Abraham Dowsing, PhD, and James Deane, "The Power of Public Discourse,"
http://wbi.worldbank.org/wbi/devoutreach/article/1298/power-public-discourse

46 Source: Saul Mcleod, "Asch Experiment," *Simply Psychology*, 2008,
http://www.simplypsychology.org/asch-conformity.html

47 "Thanks for the Memories," an experiment in false memories conducted by Prof. Yadin Dudai and Micah Edelson of the Institute's Neurobiology Department, together with Prof. Raymond Dolan and Dr. Tali Sharot of University College London (released August 29, 2011),
http://wis-wander.weizmann.ac.il/thanks-for-the-memories

48 Erich Fromm, *The Art of Loving* (U.S.A., Harper Perennial,September 5, 2000), 13

49 Eryn Brown, "Violent video games and changes in the brain," *Los Angeles Times* (November 30, 2011),
http://www.latimes.com/health/boostershots/la-heb-violent-video-game-brain-20111130,0,6877853.story

50 Following the July 22, 2011 attack on Norwegians by a Norway native: "Report: Norwegian Retailer Pulls Violent Games In Wake Of Attack," *DigiPen Institute of Technology* (July 29, 2011),
http://www.gamecareerguide.com/industry_news/36185/report_norwegian_retailer_pulls.php

51 David Jenkins, "Mass Shooting In Germany Prompts Retailer To Drop Mature-Rated Games," *Gamasutra* (March 20, 2009),
http://www.gamasutra.com/news/production/?story_22839

52 University of Michigan Health System, "Television and Children," http://www.med.umich.edu/yourchild/topics/tv.htm

53 Martin Buber, philosopher and educator, A *Nation and a World: Essays on current events*, trans. from Hebrew: Chaim Ratz (Israel, Zionistic Library Publications, 1964), 220

54 George Monbiot, "The British boarding school remains a bastion of cruelty," *The Guardian* (January 16, 2012), http://www.guardian.co.uk/commentisfree/2012/jan/16/boarding-school-bastion-cruelty . Note: While this story addresses the problems of schools in the U.K., the data it gives of the state of Texas schools is no less alarming.

55 Victoria Burnett, "A Job and No Mortgage for All in a Spanish Town," *The New York Times* (May 25, 2009),
http://www.nytimes.com/2009/05/26/world/europe/26spain.html?pagewanted=all

56 Andy Sernovitz, *Word of Mouth Marketing: How Smart Companies Get People Talking*, Revised Edition, (U.S.A. Kaplan Press, February 3, 2009), 4

57 Clive Thompson, "Are Your Friends Making You Fat?", *The New York Times* (September 10, 2009),
http://www.nytimes.com/2009/09/13/magazine/13contagion.html?_r=1&th&emc=th

58 (ibid.)

59 (ibid.)

60 (ibid.)

61 "Nicholas Christakis: The hidden influence of social networks" (a talk, quote taken from minute 17:11), TED 2010,
http://www.ted.com/talks/nicholas_christakis_the_hidden_influence_of_social_networks.html

62 Rob Crossley, "Will workplace robots cost more jobs than they create?" (June 30, 2014), http://www.bbc.com/news/technology-27995372

63 Ulrich Beck, *The Brave New World of Work* (USA, Polity, 1edition, January 15, 2000), 2

64 Thomas L. Friedman, "The Earth is Full," *The New York Times* (June 7, 2011),
http://www.nytimes.com/2011/06/08/opinion/08friedman.html?scp=1&sq=the%20earth%20is%20full%20thomas%20friedman&st=cse

65 Adir Cohen, *The Gate of Light: Janusz Korczak, the educatorand writer who overcame the Holocaust* (USA, Fairleigh Dickinson Univ Press, Dec 1, 1994), 31

66 Lawrence B. Ebert, On guys who know things: Einstein was a patent clerk, sort of... (July 18, 2009), http://ipbiz.blogspot.co.il/2009/07/on-guys-who-know-things-einstein-was.html

67 David W. Johnson and Roger T. Johnson, "An Educational Psychology Success Story: Social Interdependence Theory and Cooperative Learning," *Educational Researcher* 38 (2009): 365, doi: 10.3102/0013189X09339057

68 Johnson and Johnson, "Educational Psychology Success Story," 368

69 Johnson and Johnson, "Educational Psychology Success Story," 371

70 (ibid.)

71 For more on education, see Appendix 1: The Mutual Guarantee-Educational Agenda

72 Christine Lagarde, "The Path Forward—Act Now and Act Together," International Monetary Fund (IMF) (September 23, 2011), http://www.imf.org/external/np/speeches/2011/092311.htm

73 "Minority Rules: Scientists Discover Tipping Point for the Spread of Ideas," SCNARC (July 26, 2011), http://scnarc.rpi.edu/content/minority-rules-scientists-discover-tipping-point-spread-ideas

74 Appears in "The Oneness of Mind," as translated in *Quantum Questions: Mystical Writings of the World's Great Physicists*, edited by Ken Wilber (USA, Shambhala Publications, Inc., Revised edition, April 10, 2001), 87

75 Mohamed A. El-Erian, "The Anatomy of Global Economic Uncertainty," *Project Syndicate* (November 18, 2011), http://www.project-syndicate.org/commentary/elerian11/English

76 Albert Einstein, Alice Calaprice and Freeman Dyson, *The Ultimate Quotable Einstein* (USA, Princeton University Press,October 11, 2010), 476

77 Efrat Peretz, "We Must Prepare for a World of Equal Revenue Sharing," trans. Chaim Ratz, Globes (October 18, 2011), http://www.globes.co.il/news/article.aspx?Q1JID=1057,1131906212981338did=1000691044

78 Dr. Joseph E. Stiglitz, "Imagining an Economics that Works: Crisis, Contagion and the Need for a New Paradigm," *The New Palgrave Dictionary of Economics Online* (min 1:36), http://www.dictionaryofeconomics.com/resources/news_linriau_meeting

79 "Fischer on Fed's Toolbox," CNBC Video (August 25, 2011), http://video.cnbc.com/gallery/?video=3000041703&ref2aWQiC3JzMDAwMDQxNzAzIiwiZW5jVmlkIjoiZ2FT0RCZmJpdmhhYQzZNUxTNIZwda09IiwidlRhYil6InaluZn8iLCJ2UGFnZSI6MSwi05hdiJ6WyUCofxhdGVzdC8WaWRlbyjdLCinU2VjdCl6IkFMTCIsImdQYWdlIjoiMSIsInN5bSl6IjilsInNIYXJaCl6IjI9 (min 2:50)

80 Hal R. Arkes and Catherine Blumer, "The Psychology of Sunk Cost," *Organizational Behavior and Human Decision Processes* 35, 124-140 (1985), http://www.google.com/url?sa=r&rct=j&q=&esrc=s&source=web&cd=1&sqi=2&ved=0CCUQFjAA&url=http%3A%2F%2Fcommonsenseatheism.com%2Fwp-content%2Fuploads%2F2011%2F09%2FArkes-Blumer-The-psychology-of-sunk-cost.pdf&ei=Uy4cT8y1KdDsOci89JkL&usg=AFQjCNFESXVogdwg8RW_kdmY2LIgvVML7Q&sig2=2N3X5HyZibct06MbtqPqXw

81 Erik Schatzker and Mary Childs, Bill Gross: The Amountof Money I'll Give Away 'Is Staggering, Even to Me', *Bloomberg Business* (May 12, 2015), http://www.bloomberg.com/news/articles/2015-05-12/gross-give-away-700-million-on-way-to-donating-fortune

82 Richard McGill Murphy, "Why Doing Good Is Goodfor Business," CNN Money (February 2, 2010), http://archive.fortune.com/2010/02/01/news/companies/dov_seidman_lrn.fortune/

83 https://www.youtube.com/watch?v=WJ29_OhVE8w

84 Albert Einstein, Alice Calaprice and Freeman Dyson, *The Ultimate Quotable Einstein* (USA, Princeton University Press, October 11, 2010), 476

Contato

Perguntas e informações: info@ariresearch.org
USA
2009 85th St., Suite 51
Brooklyn NY, USA -11214
Tel. +1-917-6284343

Canada
1057 Steeles Avenue West
Suite 532
Toronto, ON – M2R 3X1 Canada
Tel. +1 416 274 7287

Israel
112 Jabotinsky St.
Petach Tikva, 49517 Israel
i.vinokur@ariresearch.org
Tel. +972-545606780